異民族支配

横山宏章
Yokoyama Hiroaki

a pilot of wisdom

目次

はじめに

多民族国家である中国のアキレス腱《けん》は民族問題である。

日本にとって、中国はいまや最大の貿易相手国。経済的にはまさに中国依存症に陥っているといえる。だから、中国の民族問題といえどもけっして他人事《ひとごと》ではない。現代中国は多くの民族紛争をかかえながらも、巨大帝国として発展を実現した。しかし帝国はその内部に多くの矛盾をかかえているもの。その大きなリスク要因の一つが漢民族と異民族の対立である。したがって中国の異民族支配の論理を理解することは日本にとって、きわめて重要なことなのだ。

二〇〇九年三月十日、ラサ民衆蜂起《ほうき》から五十周年を迎えたチベット。ダライ・ラマ十四世がインドに亡命してから半世紀たったいまも、チベット問題は未解決のままである。

中国政府は各地の民族紛争を、中華民族を分裂させる策動として、厳しく取り締まっている。中国は漢民族と多くの「少数民族」から構成される多民族国家であり、民族紛争は一貫して国内問題（国内矛盾）であると説明している。だからチベット民族やウイグル民族という「異民族」の自立運動とはとらえていない。

さて、二〇〇八年八月には北京オリンピックが華やかに開催され、中国は金メダル獲得数がアメリカを抜き世界一になった。中国政府は「民族の祭典」の成功をアピールしたかっただろうが、開催までの経緯をかえりみれば、「民族の苦悩」を世界に知らしめる機会でもあったことは記憶に新しい。

昨年三月以来、チベット全土で平和的な抗議行動が湧き起こりました。（中略）我々は、昨年の危機において命を落とした同胞、拷問を受け、測り知れない苦難に苦しんだ同胞、さらには、チベット問題が始まって以来、苦しみ、命を落としたすべての同胞に敬意を表し、祈りを捧げます。

（「チベット民族蜂起五十周年記念日におけるダライ・ラマ法王の声明」二〇〇九年）

ケチのつき始めは、二〇〇八年三月十日に始まったラサにおけるチベット僧侶の抗議行動と、それへの武力弾圧である。この弾圧は世界中の非難をかい、世界各地での聖火リレーには、抗議する人々が群がり、結果的には“Free Tibet”を世界に宣伝する行事となってしまった。

昨今のチベットでは、中国政府の見通しのあまさゆえに生まれる数知れない行為によって、自然環境が著しく破壊されています。中国の流入政策の結果、チベットに移住した非チベット人の数は何倍にも増加し、チベット人は、自国にいるにもかかわらず微々たる少数派へと減じています。さらには、チベット語、チベットの文化や伝統などチベットの人々の本質やアイデンティティが徐々に消滅しています。（中略）チベットでは、弾圧が続いています。数えきれないほどの想像を絶する人権侵害、宗教の自由の否定、宗教的問題の政治問題化が増え続けています。これらはすべて、チベット人を人間として尊重する姿勢が中国政府に欠如していることに起因しています。そしてこれが主な国民感情となり、チベット人と中国人との間に差別を生んでいるのです。

（「チベット民族平和蜂起四十九周年記念日におけるダライ・ラマ法王の声明」二〇〇八年）

この声明を受けて、ラサにおけるチベット仏教僧侶数百名が中国への抗議デモをおこなった。十四日には、中国人経営の商店を破壊するところまで、デモ隊は先鋭化した。オリンピックをひかえていた中国側はあわてて、抗議する僧侶やデモ隊に対して武力弾圧をおこない、死者もでた。その数は中国当局とチベット亡命政府の見解が大きく食い違っている。弾圧、鎮静化に成功したあと、外国メディアに平穏無事な様子をみせようと、ラサのジョカン（大昭）寺を案内すると、僧侶約三十人が「チベットには自由がない」と訴え、皮肉にもその映像が世界を飛びまわった。一九五九年以降、こうしたチベット叛乱《はんらん》（中国では「動乱」と表現）は、じつはたびたび発生しているのだ。

さらに近年の中国では、注目すべき新しい状況が生まれている。

社会不安と民族不安が結びついているということだ。「改革・開放」政策の負の遺産である著しい「階層格差」は、あちこちで社会暴動、集団抗議を巻き起こしている。それは地方で権力を恣《し》意的に振りかざす共産党官僚の汚職、腐敗にたいする憤りであるが、従来はこうした不満は抑え込まれて爆発することがなかった。しかし共産党支配のタガが緩み始めた今日、差別され虐げられてきた民衆の不満は、デモや暴動として、あちこちで噴き出し始めている。皮肉にも、社会主義国で赤裸々な階級闘争が展開されているのだ。

また、チベット以外に、新疆《しんきょう》ウイグル自治区でも、さまざまな独立運動が発生しているようである。報道管制下でなかなか情報が伝わらないので詳細は不明であるが、破壊行為やデモが依然として繰り返されているようだ。また、爆薬を多量に用意したイスラム系のテロリストが逮捕されたという報道もあとを絶たない。オリンピック前に起きた雲南省・昆明でのバス爆破も、イスラム系テロリストの仕業であるといわれているが、定かではない。いずれにしても中国が恐れるのは、こうした各地で散発的に起こる民族デモ、テロ活動が、「東トルキスタン独立運動」（第五章参照）に結びつくことである。

一方、漢民族側に民族自治を尊重する動きがないわけではない。二〇〇八年十二月十日、著名な人権活動家でもある作家・劉《りゅう》 暁波《ぎょうは》ら三〇三人の連名で発表された「零八憲章」は、公然と共産党の一党独裁解体を求め、同時に連邦制を主張している。具体的な連邦制のデッサンは描かれていないが、「大きな叡智《えいち》を発揮して、各民族が共同して繁栄できる道筋や制度設計を探求し、民主憲政の枠組みのもとで中華連邦共和国を建立する」とある。これは中央集権主義者にとっては危険思想である。あの一九八九年の天安門事件でも、この連邦制が叫ばれ、戦車の武力によって封印された。ひとたび自由を認めれば、辺疆《へんきょう》民族の独立の自由を認めざるをえなくなるからである。

亡命50周年の声明を発表するダライ・ラマ14世（左）
写真提供／毎日新聞社

現在、中国では「異民族」という言葉が消えて、「少数民族」が使用されている。この定義によれば辺彊のチベット民族、ウイグル民族らは異民族ではなく、漢民族を中心とする「中華民族」を構成する少数民族の一つであると説明されている。いわばチベット民族も「同胞」扱いなのである。だから、中国からの独立を望むのは、国家の統一、民族の統一を破壊する分裂主義者の策動であるということになる。

漢民族は、チベット民族、ウイグル民族を自分たちとは異質の民族とみなしてきたはずなのに、いつの間にか「中華民族」を構成する一つの少数民族にしてしまった。歴史的にみれば、中国はつねに異民族の脅威にさらされてきたはずだし、先にみたダライ・ラマの声明は、チベット人と中国人をはっきりと区別しているではないか。しかし現代中国は、チベット人も同じ中華民族の一員であるというのだ。

この論理の根拠は、いったいなんなのか？

この疑問を解くためには、歴史的な中国の民族政策の変遷をあきらかにしていかなければならない。ことはそれほど単純ではないからだ。本著は、漢民族による異民族支配の論理を中国近代史のなかから探っていこうというものである。

＊本文中の引用箇所は、日本語訳がある場合、そこから引用して出典を明示した。その際、読みやすさ等を考慮して一部表記を改めたものもある。また、日本語訳がない場合は、筆者自身が訳した。

第一章　「華夷之辨」と「大一統」

――排外と融和の中華思想

孫文

一九一一年十月十日に勃発《ぼっぱつ》し、清王朝に代わって中華民国を誕生させた辛亥《しんがい》革命から、まもなく百年を迎える。辛亥革命は、数千年続いた皇帝専制の王朝体制を瓦解《がかい》させ、世界の潮流に乗り遅れないための近代国家体制を築きあげようとする「共和革命」であった、ともいわれる。しかし、第一義的には異民族である満州民族の支配をくつがえす漢民族による「光復《こうふく》革命」であった。

「光復革命」とは、異民族によって支配されている「不正義な天下」を正常な秩序に戻すことである。すなわち野蛮な「夷狄《いてき》」である異民族による中華支配を、本来あるべき姿に戻し、異民族支配によって失われていた「中華」の漢民族の光をふたたび回復することを意味している。革命派のスローガンであった「韃虜《だつりょ》の駆除、中華の恢復《かいふく》」が「光復革命」のすべてをあらわしている。「韃虜」とは「韃靼《だったん》の輩《やから》」(すなわち満州民族)という意味の蔑《べつ》称《しょう》である。辛亥革命は、異民族・満州王朝の打倒と、漢民族支配の回復をめざした民族革命であった。

辛亥革命にいたる清朝末期、多くの革命派が「排満」（満州民族の排斥）を主張した。伝統的に中国では周辺の異民族を文化的に野蛮な「夷狄」と称し、文明的に優れた「中華」と峻別《しゅんべつ》してきた。それを「華夷之辨《かいのべん》」（中華と夷狄の峻別）という。清朝は満州民族が漢民族を支配する異民族王朝、すなわち夷狄王朝であり、中華的価値観からすれば、それは「異端による支配」である。それを「正統な支配」に戻さなければならない。だから神聖な中華（中国）から夷狄の満州民族を排除し、漢民族の中国を回復しなければならないと主張した。

（一）「異民族」から「少数民族」へ

辛亥革命にたいする今日の中国の歴史的解釈は当時とは大きく異なる。革命を高く評価する一方で、この革命の実態は、漢民族中心の単純な「種族主義」であり、異民族支配に復讐《ふくしゅう》する「種族復讐主義」であったと、否定的にもとらえられている。なぜなら、現在の中華人民共和国は、漢民族を中心としながらも、周辺の異民族を「少数民族」と定義し、その少数民族すべてを統合した「大家庭、大家族」の理念による多民族国家建設を進めているからだ。これは伝統的な「大一統《だいいっとう》」理念（後述）の現代版である。つまり、「華夷之辨」による「排満革命」路線は、満州民族のみならず、同じく夷狄とされたチベット民族、モンゴル民族、ウイグル民族などをも排斥することとなり、漢民族と五十五の少数民族から構成される多民族国家としての中華人民共和国を解体する危険性をはらんでいるからである。「大一統」のもと、少数民族は漢民族のもとで仲よく調和すべきであって、「華夷之辨」は、現代の帝国的広がりをもった支配に合致しない、というのがその理由だ。

日ごろ、われわれは「中華」という言葉を中国とほぼ同じ概念として使っている。中華は歴史的概念であり、中国を支えてきた中核としての「中華文明」は、黄河流域の中原《ちゅうげん》地方に住む漢民族が生みだしたものである。だとすれば、「中華」という言葉のなかには、周辺の野蛮な夷狄は本来含まれないのではないか、と考えてきた。

しかし、かつて漢民族から夷狄と呼ばれていた「異民族」は、中国政府の政策のなかで、いまや漢民族と平等な「少数民族」と総称され、「中華民族」の一員とみなされている。満州民族はいうまでもなく、チベット民族も、モンゴル民族も、ウイグル民族も、いまや異民族ではなく、中国を形成する少数民族の一部であり、同時に漢民族と同じ「中華民族」の一員であるというのだ。

中国政府の説明は、単純である。伝統的には中華と夷狄は区別されていたとしても、近代国民国家建設においては、中国という国家の枠組みのなかに、そこに住む民族はすべて「中華民族」として融合されてきたという。だから、過去に叫ばれていた伝統的な「華夷之辨」論理と、近代的な国家統一、市場統一、国民統合を完成させて強力な統一国家を建設するという「国民国家」論理とは異なるのだ。そういわれると、それなりに納得できるように思える。

他方、支配される「夷狄」からみれば、それは中国の身勝手な論理である。時には「夷狄」と軽蔑《けいべつ》し、時には「異民族」と区別し、時には「少数民族」と保護しながらも、華夷秩序からの離脱、すなわち「大家庭」からの独立を許さないことに、異民族の不満が爆発するのは当然であろう。

革命派の中心にいた孫文《そんぶん》は、中華民族の形成を「民族主義」（ナショナリズム）という言葉で説明しようとした。しかしながら、世界各地でナショナリズムが高まって、多民族を包含するさまざまな帝国を解体してきた近代世界の数ある民族革命と、この辛亥革命は異質であった。その結果、辛亥革命以後百年の間に登場した中華民国、中華人民共和国では、皇帝専制は終焉《しゅうえん》を迎えたものの、絶対的権威が華夷秩序としての天下を統率するという伝統的な天下概念の枠内にとどまり、漢民族が領域内のさまざまな民族を支配、統合する「中華帝国」の構造を温存している。

だから中国共産党の創設者である陳独秀《ちんどくしゅう》は後年、国民党独裁や共産党独裁を否定して、反対党派の存在を民主主義の基本要件だと強調した。そして国民党や共産党による独裁体制を「党皇帝」と皮肉った。

こうした問題意識で、中華を中心とした伝統的天下統一の概念のなかに存在する矛盾した二つの基本理念、すなわち「華夷之辨」と「大一統」の対立の歴史をひもとき、「中華帝国」による異民族支配の論理を考察してみたい。

(二)「華夷之辨」の歴史

まず「華夷之辨」から説明しよう。「華夷思想」ともいわれ、中華と夷狄を峻別する中華思想であり、民族感情であり、また民族論理でもある。

「中華」が中華文明を生みだした漢民族のテリトリーを意味することは明白である。夷狄は周辺の野蛮な異民族をさす。侵略を繰り返す周辺異民族を夷狄と称し、東夷《とうい》、西戎《せいじゅう》、南蛮《なんばん》、北狄《ほくてき》と位置づけた。夷とは、えびす、野蛮なこと。戎とは、戦道具、兵士をさし、文明のない獰猛《どうもう》な連中を意味する。蛮の虫は蛇をさす。狄は犬のことである。いずれも、高い文明を誇る中華と比較して、文明に浴することが少ない野蛮な民族の蔑称である。この峻別が強調されたゆえんは、中華がたびたび北方民族や西方民族の侵略に苦慮したからである。

四世紀の五胡《ごこ》十六国の時代には、北方系の匈奴《きょうど》、羯《けつ》、鮮卑《せんぴ》、チベット系の氐《てい》、羌《きょう》が中華の地を侵した。宋の時代になるとタングート、ウイグル、契丹《きったん》、女直《じょちょく》（女真《じょしん》、満州）の異民族が侵略し、十三世紀にはついにモンゴル民族に滅ぼされて、広大な異民族王朝である元朝が出現した。元朝を打倒した明朝の建国で漢民族は光復を実現したが、十七世紀にはふたたび女直民族が清朝を打ち立てて、中華天下を支配する。このように中華は絶えず周辺からの侵略に苦しみ、時として夷狄である異民族に支配されてきた。

この屈辱を晴らす思想が「華夷之辨」だ。種族的仇討ちを正当化する「復讐主義」であり、ここには文明的、民族的蔑視《べっし》が濃厚である。

だが、もともと「華夷之辨」は民族的差別思想ではなく、華と夷を峻別する基準は、あくまで文化的水準であり、漢民族であっても、遅れた野蛮な地の漢民族は夷であった。『魏書礼志《ぎしょれいし》』では次のようにいう。「下は魏《ぎ》と晋《しん》まで、趙《ちょう》と秦《しん》の二燕は中華に地拠すれども徳祚《とくそ》微浅なり」

この段階では、華は中華文明が発祥した黄河流域の限られた文化的中心地をさしていたにすぎない。華と夷を峻別するのは「徳祚」（文明的道徳）の有無であった。春秋・戦国時代には、黄河流域の中原に位置していた周王朝（現在の洛陽《らくよう》周辺）に隣接する魏国と晋国はまだ中華であったが、その西や北に位置する秦（西安《せいあん》周辺）や趙（邯鄲《かんたん》周辺）は、漢民族の国であっても、文明が低いので野蛮な夷狄とみなされた。ちなみに現在の北京周辺は燕《えん》国、長江下流域の江南地方は呉国、越国であって、中華文明の中心地である洛陽付近からみれば、秦国や趙国よりも遥かに疎遠で野蛮な地方にすぎなかった。

『孟子《もうし》滕文公《とうぶんこう》章句上』には、次のようにある。「吾夏《か》を用《も》つて夷《えびす》を変《か》する者を聞けるも、未だ夷に変せらるる者を聞かざるなり」

文明の高い中華（夏）が、野蛮な夷狄を文明的に同化させることはあっても、その逆はないというのである。すなわち中華が遅れた夷狄を支配し、感化させることはあっても、徳祚がない夷狄が中華を支配しては、それは道理に反したこととなる。

最初は、漢民族内部における支配の正統性を、徳祚や文明の高さに求めた。ところが、野蛮なはずの秦が天下を統一して中華帝国を建設し、中華世界を拡大し始めた。時代が下るにつれ、天下の争奪戦は周辺の異民族との争いになってしまった。そうなると、中華支配（漢民族支配）の正統性を語る論理として、周辺の異民族を夷狄として蔑視し、その異民族支配の正統性を否定するほかなくなってきた。

しかしいかに文明の高さを誇っても、現実には夷狄の軍事力に苦しめられ、時として支配された。中国を支配したモンゴル民族や満州民族は、むしろ漢民族王朝である宋や明が徳祚を失ってしまい、それに代わって中華的徳祚を体現したモンゴル王朝や満州王朝が、堕落した中華世界を救済するのであると、その支配の正統性を強調した。いわば漢民族が文明的な夷に転落し、モンゴル民族や満州民族が華に昇り詰めたのである。その逆転を「華夷変態」という。

じっさい、文明・文化的に下等に峻別されてきたはずの満州民族の清朝は、中華文明の再興に全力を注ぎ、漢民族王朝以上に中華文明を輝かせた。それは中華文明を生みだし、堅持してきたと豪語する漢民族にとって、屈辱以外の何ものでもない。そこで華夷の峻別を民族的峻別に切り替え、漢民族再興の願いを実現しようとした。ここに、「反清復明《はんしんふくみん》」(満州民族の清朝に反対し、漢民族の明朝を復活させよう)を合言葉として、異民族支配の打倒による漢民族再興の光復革命思想と運動が、登場することとなる。

そこでは満州民族の野蛮さを強調し、漢民族との差別を強調することが民族革命の中心とならざるをえない。「排満」革命へむけて漢民族の精神を奮い立たせる必要があり、そこに恨みを晴らす「復讐主義」が前面にあらわれた。

なぜ「復讐」か。十七世紀に清朝が天下を統一する過程で、抵抗する漢民族があちこちで虐殺されていった。それを夷狄であるがゆえの蛮行として、その虐殺行為をあげつらい、その民族的復讐が、光復革命を正当化する行動原理となったのである。昔、満州民族が万里長城を越えて侵入し、抵抗する漢民族を虐殺して中華を奪い取った。その恨みを忘れず、今度は漢民族が満州民族を殺し尽くし、中華を取り戻そう。だから夷狄を中華の地から排斥し、漢民族による中華の支配を回復することが、「華夷之辨」の主要な意義であった。

ということは、「華夷之辨」がことさら強調されるのは、じつは異民族に支配されている時代においてである。中華文明が漢民族によって担われ、漢民族が周辺の異民族である夷狄世界を支配することは、なんら問題はない。なぜなら「夏を用つて夷を変する」ことは、正常なかたちであるからだ。夷狄が頭を下げて中華に帰順するのであれば、喜んで夷狄に文明を授けるという中華支配の権威を獲得できるからである。

万里長城は夷狄の侵入を防止する物理的に巨大な防衛施設であったが、じつはその軍事的効果は高くなかった。むしろ華の世界と夷の世界とを分ける、眼にみえる巨大なシンボルとして機能していたのだ。満州民族のホームグラウンドである東北地方から、軍隊が万里長城を越えて中華世界の中原へ入ることを「入関」という。あっち（関外）とこっち（関内）は別社会であった。

(三)「大一統」の歴史

一方、中国には、異分子を排除する「華夷之辨」とは相反するかにみえる、異分子をも包み込む「大一統」という統治体制の伝統が綿々と続いて、皇帝専制の中華帝国を維持させてきた。

「大一統」とは「一統を大《とうと》ぶ」(『春秋』)という意味である。楊松華の研究では「大一統の国家政権とは、一人の皇帝、一つの政府が中国版図内の民族を統一する行政管理である」(『大一統制度与中国興衰』)とされる。これは秦の始皇帝の天下統一から始まった中華帝国の統治原理である。始皇帝統一の紀元前二二一年から、王朝体制が崩壊する一九一一年まで続いた二一三二年間にみられた基本制度体系であるといわれるが、前述したとおり今日の中国もさまざまな民族を「大一統」に包み込んでおり、依然としてその伝統は生き続けている。

もともとは、天下の諸侯を周王朝の天子のもとに統一するという概念であったが、のちには全国を統治することをさすようになった。周の時代に各地に割拠する諸侯を周王室のもとに統一させようという中華世界の統治原理であったものが、のちには夷狄世界をも包み込んだ大中華の統合原理となったのだ。それが中国社会の超安定システムとして機能したという（金観濤『在歴史的表象背後——対中国封建社会超穏定結構的探索』、邦訳『中国社会の超安定システム』）。

加えて、中国には天下のもとに生活する人々すべてが兄弟のように仲よくすべきだという「四海之内、皆兄弟也」とか、「天下一家」というように天下を一つの家と考える「大同」の理想像が働いている。

天下とはどこまでをさすのか。理念的には、中華文明の威光が届く範囲であるが、現実的には皇帝の威光が届く範囲である。概念的には、天下＝中華帝国、というわけではないが、実態的には、ほぼそれに近い。だとすれば、中華帝国の版図は王朝の興衰によって可変的であるから、天下も、時として漢民族だけの世界であり、時として異民族を征服して帰順させれば、夷狄も「大一統」の対象となる。

モンゴル帝国が、それまでの中華帝国の版図を飛躍的に広げ、中国に元王朝を樹立した。

チベットまでも「帰順」（あるいは支配か？）させ、朝貢国として天下に組み込んだ。その後、明朝、清朝と続いたが、両王朝も対外膨張政策を展開し、その威光は万里長城外に至り、満州、モンゴルを従え、西域の新疆に延び、そしてチベットも帝国の版図に組み込んだ。こうして大帝国を作りあげてきたのだ。

これまで「版図」という言葉を使ってきたが、これが近代的な国民国家概念である「領土」と同じであるかどうかといえば、かなり難しい。「複合的統治原理としての華夷秩序」を整理した浜下武志『朝貢システムと近代アジア』によれば、中華の版図は重層的で、中華の外延構造が次のように区分され、①から⑤まで、中華の外側に、同心円的に広がっていく。

①少数民族の指導者を土司・土官として地方官に任命する間接統治。

②理藩院によって管轄されたモンゴルの例を代表とする異民族統治（藩部）。

③さらにゆるやかな関係としての朝貢による統治。

④そして最も外周に、相互的関係の色彩が強い互市国が配されていた。

⑤そのさらに外側は、教化が及ばない地、すなわち「化外《かがい》の地」である。

宗主国と朝貢国の関係は③にまで及ぶが、明や清の中華帝国の版図は、②の「藩部」までをその範囲とするのが順当であろう（二二三ページの地図参照）。それが領土であるかは、異議があるところである。

清朝における藩部への膨張政策について、たとえば白寿彝《はくじゅい》主編『中国略史』の記述を借りれば、次のとおりである。原文の漢字表記の人名や地名はカタカナに変えた。

清は漢族地域の支配が安定すると、ひきつづき辺境の少数民族地域にたいする支配を強化した。西北に居住していたモンゴル族は、明代から清代にかけて漠南モンゴル、漠北カルカ・モンゴル、漠西オイラート・モンゴルの三大部にわかれていた。（中略）一六九〇年、康熙《こうき》帝はみずから大軍を率いて征討にむかい、ウランプトンの戦いで、（勢力を伸ばしたオイラート・モンゴルのジュンガル部首領の）ガルダンをうち破った。一六九六年と一六九七年、康熙帝はまた二度にわたって親征し、ガルダンは力つきて自殺した。

一七一七年、ガルダンの甥のツェワンアラプタンはジュンガルの軍隊を率いてチベットに入り、ラサを攻略した。清軍は一七二〇年、チベットに遠征し、ツェワンアラプタンを駆逐してダライ・ラマ六世（筆者注・七世の誤り）のチベットにおける支配をたすけた。一七二七年、清朝政府はチベットの二ヵ所に駐チベット大臣をおき、朝廷のチベットにたいする支配を強化した。
天山南北に居住していたウイグル族についていえば、（中略）一七五八年、乾隆《けんりゅう》帝は西征のため兵を派遣し、一七五九年、天山南路を平定し、カシュガルなどの地に参賛大臣、領隊大臣、辦事《べんじ》大臣を分駐させ、イリ将軍に隷属させた。

こうした辺疆にたいする中華世界の拡大は、あきらかに武力侵攻であったが、強力な軍事統治を推進したわけではない。浜下武志は「藩部に対して清朝は王権を保持したのみであり、内部の行政は、世襲の首長や喇嘛《ラマ》が行ない、清朝の監督を受けるという形態を取った」（『朝貢システムと近代アジア』）という。いわば、中華帝国は、反抗的な周辺の異民族領域を強権的に弾圧し、軍隊を常駐させて抑圧機構を築きあげたわけではない。だから天下を統一した皇帝からみれば、異民族は中華世界に「帰順」し、その威光を受け入れて、中華の「版図」に組み込まれたという解釈をする。

清朝は異民族王朝であるが、堕落した漢民族に代わって中華の支配を天によって任された。そして周辺のさまざまな民族もまた、中華の王者となった満州皇帝に喜んで「帰順」

した。こうした認識で、異民族王朝は、「大一統」による支配の正統性を堅持した。だから清朝支配においては、「華夷之辨」は受け入れられなかった。

また、平野聡『清帝国とチベット問題』によれば、清の雍正帝《ようせい》は「華夷之辨」を否定して、「大一統」（天下一家、万物一源）を強調した。

（曾静『知新録』には）天下一家・万物一源と言っておきながら、一方で、中華の外の四方は全て夷狄であり、中土（中央）にやや近いところはなお人としての気があるが、遠くなると禽獣《きんじゅう》に他ならない、とある。天下一家・万物一源であるのにどうして中華夷狄の分があるのか。（中略）中華と夷狄は異なる二つの天地にいるとでも言うのか。

（『大義覚迷録』、訳は『清帝国とチベット問題』による）

漢民族も、満州民族も、チベット、モンゴル民族も、「天下一家」の「大一統」世界で仲よく共存するのであれば、皇帝が漢民族であろうが、満州民族であろうが、たいした問題はないのではないか、ということになる。

ここには一つのトリックがある。漢民族王朝による多様な夷狄民族への支配であろうと、夷狄王朝による漢民族ならびにそのほかの夷狄民族への支配であろうと、「大一統」概念では、徳のある王権が天下を統一する「王道の支配」であって、けっして他民族（被支配民族）を弾圧する覇者による「覇道の支配」ではないということである。

しかし支配される側からみたとき、支配されることが自己喪失であるとすれば、その支配はつねに「覇道の支配」である。夷狄の王朝を打倒しようとする漢民族が「光復革命」として、その正統性を主張できるのであれば、同じように漢民族王朝に支配された夷狄民族も、漢民族支配にたいする「光復革命」を主張できる。同時に、満州民族に支配されたモンゴル民族、チベット民族、ウイグル民族も、満州王朝からの独立を希求する「光復革命」を主張できる。そうなれば、当然ながら「大一統」は崩壊することとなる。

ところが「華夷之辨」と「大一統」は矛盾しないときもある。「華夷之辨」では、漢民族は徳をもった文明的なすばらしい民族であるから、漢民族が夷狄民族を支配するような支配は「王道の支配」である。徳のない夷狄民族が天下を統一するときは、それは「覇道の支配」とみなされる。だから漢民族による「大一統」支配だけは、けっして「華夷之辨」と矛盾することはないのである。そのとき、漢民族の支配は「覇道の支配」だとして、支配される夷狄民族が叛逆することは、正常な「華夷秩序」にとってあってはならない攪《かく》

(1) 中華帝国の概念

「大一統」

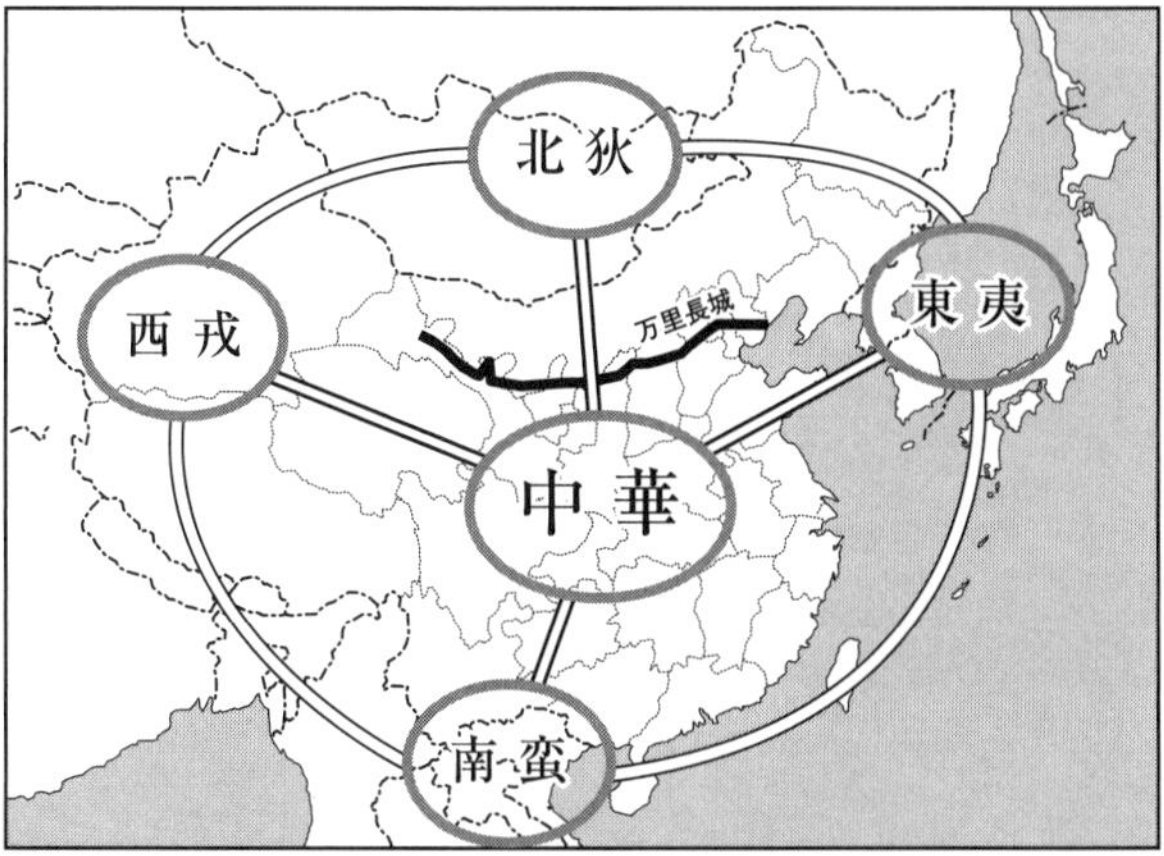

(2) 漢族ナショナリズム（種族主義）

「華夷之辨」

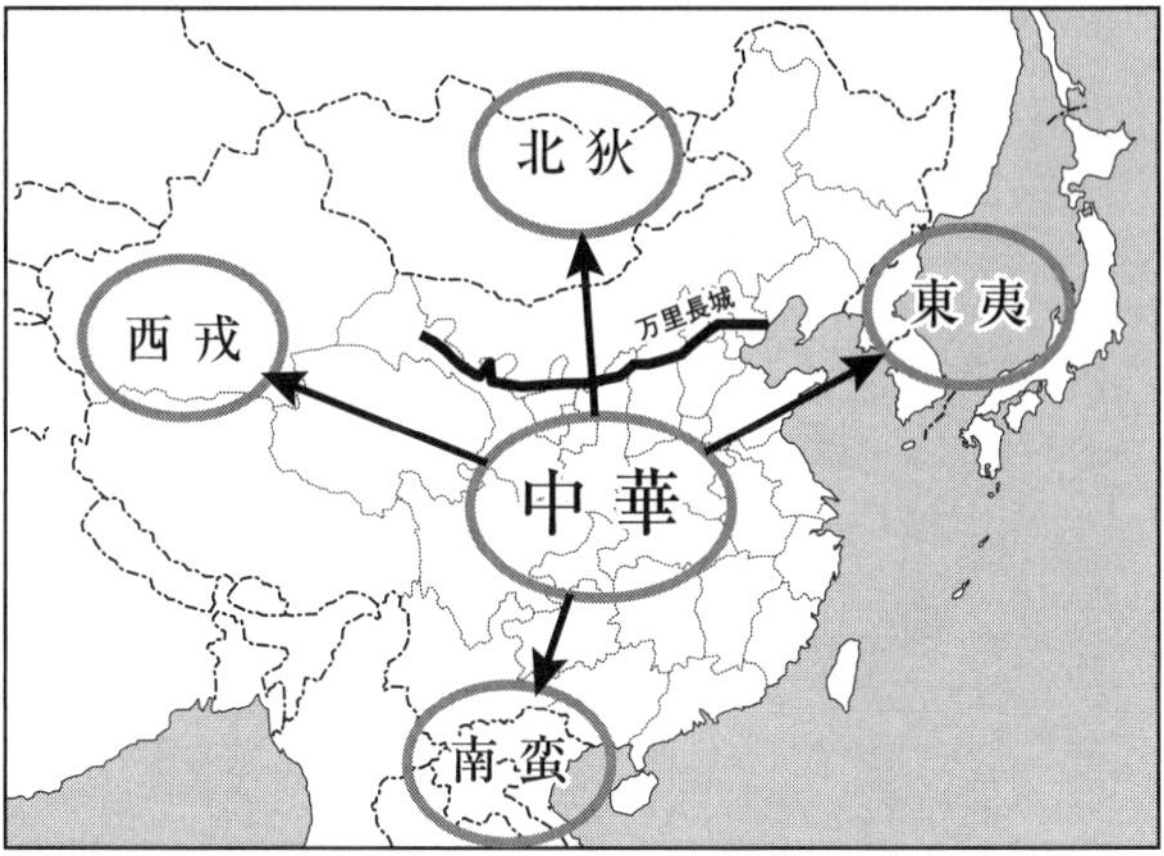

乱《らん》となる。もちろん、これは「華夷之辨」を強調してきた漢民族だけに通じる理屈である。

十九世紀末から二十世紀にかけて、トルコ、ロシア、ドイツなどの帝国支配から独立しようとする主権喪失国家の近代的なナショナリズムの嵐が中国にも伝わってくるに従い、「華夷之辨」を主張する近代知識人のなかには、清朝支配からの漢民族の「光復」だけでなく、漢民族支配からの少数民族の「光復」を容認する論理も生まれてこざるをえない。

ただし、中華が夷狄を排除する場合と違って、中華が夷狄を統一（支配）する場合、「王道による支配」という感覚はあっても、西欧国家のような帝国主義的な植民地支配、すなわち軍事的侵略と経済的支配（露骨な搾取、収奪）で、中華が夷狄をむりやり統一した（すなわち「覇道による支配」）という感覚は、あまりない。夷狄である少数民族は、分散していて自前の独立国家を建国、維持する能力をもちあわせていないと自覚するならば、中華帝国の傘下に進んで組み込まれて、中華の援助のもとで、自らを安定させるほうが得策であるという理性が働くはずだからである。換言すれば、喜んで支配を受け入れる「恭順、帰順」の論理から「大一統」支配を合理化させることが可能である。

以上を整理すれば、前ページの二つの概念図にまとめることができる。

第二章　革命派対変法派

――清朝末期〝二つ〟の中華思想の闘い

康有為

革命は突如として起こるものではない。

その前史としてのイバラの道を行く革命運動が存在する。

一九一一年、辛亥革命の始まりを告げた十月十日の武昌《ぶしょう》起義は、突然勃発し、その結果、革命蜂起が全国規模へ一気に拡大したかにみえる。だが、辛亥革命においてももちろん、前史としての苦難の革命運動と、それを支え、方向づけた革命思想が存在した。

「革命」といえば、すぐにイギリス革命やフランス革命などの西欧的なレボリューションをイメージするが、中国語でいう「革命」はこれらとは異なる。もともとは伝統的な「天命が革《あらた》まる」の意味であり、西欧的革命以前から、度重なる王朝交代で使われてきた言葉である。すでに指摘したように辛亥革命は、中国的「革命」と、西欧的「レボリューション」の双方の性格を内包していた。したがって、辛亥革命へむけての革命運動にも、さまざまな党派、あるいは政治集団、官僚組織が存在し、グループごとに多様な革命綱領、革命理念、変革プログラムをもっていた。

だから、革命運動を担った人々の理念がすべて一致していたとは、けっしていえない。革命運動に先駆けて、いち早く清王朝内部の刷新を唱え、立憲君主体制への改革をめざした康有為《こうゆうい》、梁啓超《りょうけいちょう》らの変法運動（戊戌《ぼじゅつ》維新運動）といった体制内改良派もいれば、清王朝を打倒して漢民族政権を打ち立てようという光復民族革命派、さらには長い皇帝専制の王朝体制そのものに終止符を打ち、新時代にふさわしい共和体制を実現しようとする共和民主革命派まで、さまざまな思惑を抱えた人々がその主導権を奪おうと競っていたのだ。

だが、最大公約数的な革命の原動力は、やはり「異民族王朝である満州民族支配を打倒して、漢民族の栄光を取り戻そう」という光復革命の民族的悲願であった。

結果として辛亥革命の成功にいたるまでの革命運動は、清朝を打倒する光復革命の性格を濃くしながら展開された。その革命運動の中核を占める革命結社（興中会、光復会、華興会など）の革命理論は、強烈で、露骨な排満思想により構成されていた。「華夷之辨」による「排満」（あるいは「滅満」）こそが、命を棄ててまで革命に殉ずる価値があると思わせる、革命思想の中心理念であった。夷狄の支配者を抹殺することは、まさしく漢民族の誇りを回復する正義そのものとされ、次々と清朝高官へのテロが画策された。

清朝打倒の革命蜂起は、中国語で「起義」と呼ばれた。「華夷之辨」に則《のっと》った「起義＝正義の戦いを起こす」という意味である。

（一）なぜ「韃虜」なのか

革命運動の積み重ねによる辛亥革命が成功して清王朝が滅亡するにいたる十数年の〝混乱期〟、それは革命史観からみれば〝栄光の革命時期〟とされるが、まずは当時の革命主張を整理してみたい。

辛亥革命運動の始発点を、明確に限定することは困難である。一つの契機は、あきらかに日清戦争における清国の敗北（一八九五年）である。東夷の新興国家・日本に敗北した屈辱は、漢民族ナショナリズムに火をつけ、その怒りは凝集力を失った満州王朝へむけられた。もう一つは、義和団運動の敗北が招いた八カ国連合軍の北京進軍と、ロシア軍の東三省（満州）の占領（一九〇〇年から）である。「拒俄《きょが》運動」（俄とはロシアの略語）と呼ばれるロシア排斥運動は、その軍事組織がたちまち排満闘争へと転化し、本格的な革命蜂起へと発展していった。

屈辱的な「下関（馬関）媾和条約」から数えて十六年、「北京議定書（辛丑《しんちゅう》条約）」から数えて十年、辛亥革命にいたる清末期における革命派の民族概念をあきらかにしてみたい。

当時は「排満思想」の全盛期でもあった。

まず、この革命運動の中核として活躍した孫文（孫逸仙《そんいっせん》、孫中山《そんちゅうざん》）が、一八九四年にハワイのホノルルで結成した革命結社「興中会」の革命綱領を紹介する。この清朝打倒の革命運動がめざす内容と目標を明示したものである。


韃虜の駆除、中国の恢復、合衆政府の創立。（「檀香山《ホノルル》興中会盟書」一八九四年）

のちに「四綱」と呼ばれるようになった「韃虜の駆除、中華の恢復、民国の建立、地権の平均」の原型であり、さらにそれは有名な「三民主義」として「民族主義、民権主義、民生主義」へと名称を変えていった。

ここで問題となるのは、孫文が清朝打倒のスローガンを、「韃虜の駆除、中華の恢復」（駆除韃虜、恢復中華）の八文字に集約させたことである。「清」をわざわざ「韃虜」という刺激的な蔑称で表現した。なぜ、「清朝の打倒」あるいは「満州民族支配の打倒」と表現せずに、蔑称をあてたのか。

明朝が崩壊して清朝が登場して以来、明朝再興を願う民間の秘密結社（天地会など）が存在し続けた。会党とも呼ばれ、運輸労働者など下層社会の相互扶助組織として、全国的なネットワークを形成して活動していた。それらはあきらかに異民族王朝である満州支配に反対する漢民族ナショナリズムの性格が濃厚な結社であったが、そのスローガンは「反清復明」の四文字に集約される。

「反清」ではなく、わざわざ「駆除韃虜」という言葉を選んだのはいうまでもなく、中華を満州民族が支配することが中華の正統性から逸脱していることを強調し、漢民族が支配する正統性を回復することを、よりわかりやすく示すためである。そのために、わざわざ満州民族を北方の蛮族であると訴え、漢民族ナショナリズムと闘争心を煽《あお》ろうとしたのだ。

「韃虜」が支配する不当性は、さまざまである。

①「華夷之辨」にもとづき、夷狄の中華支配が異端であること。

②満州軍が中国になだれ込んできたとき、抵抗する漢民族を次々と虐殺した過去の歴史が存在すること。だから清朝打倒は、そのまま民族的復讐を意味する。

③満州民族は遊牧民の禽獣的な体質をもった蛮族であり、その野蛮な慣習を農耕民族である漢民族に押しつけたこと。
④朝廷の高級官職を満州貴族が独占し、漢民族は排斥されていること。「華夷之辨」からいえば、夷狄に取り入って官職を得る漢民族は「漢奸《かんかん》」として、同じように軽蔑された。

孫文たちがあえて「韃虜」という蔑称を使用して、満州民族支配の打倒を呼びかけたのは、周辺の異民族を夷狄として軽蔑してきた漢民族の伝統的意識を奮い立たせ、漢民族としての自覚を取り戻すためでもあった。「韃虜」という言葉には、敵にたいする怨念《おんねん》が込められていると同時に、「韃虜」に支配されて骨抜きになった漢民族への警鐘を鳴らす思いも込められていた。

(二) 革命派は「華夷之辨」を強調

次に、清朝支配にたいする異議申し立てのさまざまな主張をみていきたい。

まず、「華夷之辨」を明確にかかげる清末革命家の主張からみていく。

章炳麟《しょうへいりん》（章太炎《しょうたいえん》）は革命派最大のイデオローグで、辛亥革命期の種族革命論を完成させた人物である。章炳麟は次のようにいう。

満州の種族は東胡であり、西洋ではツングース族と呼ぶもので、匈奴とはちがった種族である。かりに匈奴だということにしても、これは中国から撤退して久しく不毛の地に居住し、言語・政教・飲食・居宅がわが領内とはまるで異なっている。なんとしても同種だと言えない。（中略）

今日は明らかに民族主義の時代であって、満漢を混合し、香草を臭草に混ぜるべきではない。（中略）粗悪の種をけずり取らねば優良の種が繁らない、敗壊《はいかい》の群を除き去らねば善良の群は育たない。われわれが大ほうきをとって古家のあか汚れを掃除するほかに、わが中国の自全を望み得るすべはないのである。

（「駁康有為論革命書」一九〇三年、訳は『清末民国初政治評論集』による）

私の考える革命は、この革命（伝統的な易姓革命）でなく「光復」である。中国の種族の光復、中国の州郡の光復、中国の政権の光復である。この光復という実質に対して革命という名称を与えるのだ。
（「革命之道徳」一九〇六年、訳は同前）

王朝交代は伝統的に「革命」だが、清朝打倒は夷狄支配を駆逐して中国（漢民族）の支配を回復する「光復」であると強調している。「満漢を混合し、香草を臭草に混ぜるべきではない」というように、満州民族（臭草）と漢民族（香草）を峻別し「異族を駆逐する」ための「光復」を訴える章炳麟の基本的スタンスは、あきらかに「華夷之辨」に立脚している。

だから「大一統」的「大同」論を批判する。

「大同」の誤りをいましめ、種族の起源を明らかにして蒙古を区別する。
（「支那亡国二百四十二年紀念会啓」一九〇二年、訳は『原典中国近代思想史』第三冊による）

ここでいう「蒙古」とは、満州民族のことをさす。この「大同」批判は直接的には康有為ら変法派の「漢満協力体制」批判を意味するが、その根源には「大同」のもとではすべてが融合するという「大一統」思想の否定がある。

「大一統」を否定すれば、漢民族だけの国家を建設するしかない。章炳麟は、革命後の新しい国名を、最初に「中華民国」と提案したことで有名だが、中華民国の境界からチベット、モンゴル、回部（イスラム世界の新疆地区）をはずせという。

中国は漢の郡県を境界とし、その民を華民という。（中略）いま、中華民国は漢の旧疆（郡県の外側の辺疆）を回復できないと心配しているが、大切なのは明の時代の直轄の省（の領域）を基本とすべきことである。

（「中華民国解」一九〇七年）

夷狄のチベット、モンゴル、回部は、もともと皇帝が支配する中央集権的郡県制度では、その範疇《はんちゅう》に入っておらず、中華ではないというのだ。異民族である夷狄の地を放棄して、明の時代の直轄省であった漢民族居住部分だけで、中華民国を建設しようという論理である。いわば「単一民族国家」の建設である。ただ、おもしろいことに、朝鮮と越南《ベトナム》には、漢の時代に郡が置かれていたから、それは回復しなければならないという。

では、「中華民国」からはずれた夷狄はどうすればいいのか。章炳麟によれば、無理に統合する必要はなく、それぞれの判断で、国家を建設すればいいということになる。

たとえ新疆の部族長たちが満州に対して恨み骨髄に徹し、漢人に怨みをはらそうとして、自ら分離して突厥《とっけつ》・ウィグルのあとを回復したいと強く望むとしても、やはり心をおさえてかれらに任せるべきだ。漢族の満州に対する関係を見れば、回族の漢族に対する関係も分る。やむをえなければ、敦煌《とんこう》以西の土地を全部回族に与えて、ロシア人の右腕を切断したい。回族と神聖同盟を結んでもよい。

(「『社会通詮』商兌」一九〇七年、訳は『章炳麟集』による)

章炳麟は、満州民族の支配から漢民族が「光復」するように、漢民族によって抑圧されている少数民族がいれば、それも当然ながら漢民族からの「光復」を主張できるという。彼の論理からいえば、当然の帰結である。もともとイギリスに支配されているインドの独立、日本に支配されている朝鮮の独立などアジアの解放を主張し、白人支配から黒人、紅人《インディアン》の解放をも、強調していた。

章炳麟

中国では、かつて古代に漢民族がミャオ(苗)族を追い払って中華の地を支配したというい伝えがある。ミャオ族は漢民族によって少数民族にさせられたという伝説だ。

もしもミャオ人が自ら歴史書をもち、確

実に疑いなく過去の事実を記録していて、それによって復仇の兵をあげるならば、私はどうしてその最前列に刃向かおうか。（「復仇是非論」一九〇七年、訳は同前）

歴史的事実が実証されるのであれば、漢民族の支配から独立しようというミャオ族の独立闘争も肯定されうるというものだ。

孫文と一緒に中国同盟会の結成に尽力し、西欧列強の侵略に対抗する反帝国主義の立場を鮮明に打ち出した「革命党の大文豪」（曹亜伯）といわれる陳天華《ちんてんか》も、国内問題では基本的に「華夷之辨」的認識をしていた。

当時（孟子の時代）は華と夷の種族の混合を厳禁し、夷狄が中国を侵すことがあれば、厳しく拒絶していた。（中略）『戎狄豺狼《じゅうてきさいろう》とは親しくしてはいけない』『わが族類でないものは、その心もかならず異なる』という話は、すべて宝訓であって、全国で奉守していた。（「獅子吼」一九〇四、〇五年）

評価が割れる劉師培《りゅうしばい》は、それでも革命派の代表的な論客であったし、典型的な「攘夷」論者であった。初期の無政府主義者としても有名である。のちに革命を裏切った変節者として非難されるが、章炳麟と同じく、中国の経学に精通し、伝統的な「華夷之辨」を強調し、その立場から清朝打倒を唱えた。

中国の国の根本はどこにあるのか。すなわち華夷の二字にある。上は三代から現代まで、華夷の二字は民心に染みとおっている。『裔《えい》（子孫）は夏を謀らず、夷は華を乱さない』とは孔子《こうし》の言葉であり、『わが族類でないものは、その心もかならず異なる』とは季文子《きぶんし》の言葉であり、『戎狄は豺狼であり、従ってはいけない』とは管夷吾《かんいご》（管仲）の言葉である。ゆえに内は夏、外は夷というのが中国立国の基本である。漢儒の言葉とは、この意味である。

（「両漢種族学発微論」一九〇五年）

劉師培は、無政府主義を強調するようになると、満州民族支配批判の種族革命よりも、権力そのものを批判する立場に変わる。しかし、初期にあっては、強烈な攘夷種族革命論者であった。

右の論文では、「華夷之辨」は、もちろん古代中国に誕生した中華中心の「中国立国の基本」であったが、それを古くさい古代的概念として紹介するのではなく、現代にも生き続けている不変の基本概念であると決めつけている。

だがそこには大きな問題が横たわっている。ある政治目標を実現すべき政治戦略にとって、都合のいい戦略概念を古代や伝統から引っぱってくるというのは、中国人がもっとも得意とするところである。ここでの政治目標は清朝打倒であるから、その政治戦略の道具として最適な「華夷之辨」を不動の理念としてリメイクしながら、漢民族の自尊心をくすぐるという政治的意図がなかったとはいえない。

すなわち、漢民族中心の中華帝国を維持するときには、あえて「華夷之辨」をもちだす必要はない。漢民族による夷狄支配にとっては、むしろ「大一統」が有効に働く。しかし夷狄によって支配される大帝国を解体させるときには、「華夷之辨」が有効に働く。では、夷狄帝国を解体したあと、漢民族だけの民族国家を形成するのか、ふたたび漢民族支配の中華帝国を構築するのか、その岐路に立ったとき、「華夷之辨」はどのような運命をたどるのか。こうした大問題があるが、この点については後述する。

最後に若き時代の陳独秀の民族国家建設論を紹介する。十年後には儒教打倒の「新文化運動」を立ちあげる陳独秀にふさわしく、伝統的な古くさい「華夷之辨」を強調することはない。一民族一国家を唱え、「大一統」的多民族国家を否定している。

一国の人民はかならず同種族で、同じ歴史、同じ風俗、同じ言語をもつ民族でなければならない。数多くの民族が一国のなかにごちゃごちゃいては安定する道理はない。（中略）もともと民族が同じでないから、別々の国家を建立するのだ。民族主義を語ろうとしないのは、「四海大同、天下一家」であるからだ。これならどうして国境を分けて国家を建立する必要があろう。

（「説国家」一九〇四年）

（三）最高級の知識人が夷狄の野蛮さを糾弾

なぜ夷狄の支配はよくないのか？

「華夷之辨」論者からいえば、夷狄が中華文化を支えるだけの民族的良質さをそなえていないから、ということになる。そこで、満州民族の野蛮さを次々と糾弾することで、その不当性を訴えたのである。そのためには、具体的に夷狄の愚かさを立証しなければ、その主張の正統性を失ってしまう。

もっとも煽情的に満州民族の野蛮さを批判したのは、夭逝《ようせつ》の革命家・鄒容《すうよう》が書きあげた不滅の名著といわれる「革命軍」である。いまでは差別用語として禁止されるような民族蔑視の言葉が連なっている。十八歳のときに書いたというのだから驚きである。しかし革命宣伝パンフレットとしては、最大のベストセラーであった。それだけ、当時の人々の感情をもっとも煽情的にくすぐったのであろう。

狼の子の兇暴な心を持つ遊牧の賤《いや》しい種族、賊満州人。(中略)わが同胞が今日、朝廷、政府、皇帝と呼んでいるものは、われわれが昔、夷、蛮、戎、狄、匈奴、韃靼と呼んでいたものであり、その部落は山海関《さんかいかん》の外にあり、本来わが黄帝の神聖なる子孫とは異なる種族である。その地は汚い土壌、その人は羊臭の種族、その心は獣の心、その風俗は毛皮の風俗、その文字はわれわれと異なり、その言語はわれわれと異なり、その衣服はわれわれと異なる。(中略)中国に住む満州人を駆逐し、あるいは殺して復讐する。

(「革命軍」一九〇三年、訳は『原典中国近代思想史』第三冊による)

満州民族が「異なる種族」であるとしても、だからといって万里長城(山海関)の外側が「汚い土壌」であり、満州民族など「夷、蛮、戎、狄、匈奴、韃靼」が「狼の子の兇暴な心」「獣の心」をもった「羊臭の種族」であるという論証はどこにもない。しかし民衆の心をつかんでベストセラーになるには、具体的な論証は不要であった。

また、先にもひいた革命派の名文家、陳天華は次のようにいう。

わが始祖黄帝は五千年前、西北から興ってミャオ族を破って中国を統一した。いま、外族に征服されているものの、その人口は四億余で、世界人口の四分の一を占めている。満州はツングース種族、金朝はその種族であって、その人口は五百万。モンゴルはモンゴル種族で、その人口は二百万。新疆は回種族で、その人口は百二十万。チベットは吐蕃《とっぱん》種族で、その人口は百五十万。ミャオ、ヤオ（瑶）は、以前は中国の先住民であり、その数は漢種族に比べて多かったが、いまは山中深くとどまっているだけで、わずかとなっている。満州、モンゴル、チベット、新疆の人々は、以前はすべて漢種族とうまく共存していたが、一刻も油断はできなかった。この連中はすべて野蛮で、虎や狼のように凶暴であり、礼義を知らない。中国は彼らを犬羊と称し、彼らから少なからずの被害を受けてきた。満州から中国に入って主人となると、中外一家と称して、犬羊と称していた者も、いまやすべて犬羊に首をたれる奴隷となってしまった。

（「猛回頭」一九〇三年）

「大一統」を意味する「中外一家」を痛烈に批判している。前出の章炳麟も強烈に満州民族を批判する。同時に、陳天華と同じように、それに迎合する中国人の卑劣さも道徳的に糾弾する。夷狄の奴隷となって、権力にありつくことに汲々《きゅうきゅう》としている漢民族の質を問うのである。

満州は賤《せん》族であり、民がかれらを軽蔑するのは骨髄に根ざしており、かれらを外人として見るのは、欧米に対するのと異ならない。

（「客帝匡謬」一九〇〇年、訳は『原典中国近代思想史』第三冊による）

雑草のようにはびこる犬・羊がわが地に居すわり、哀れなるわが漢民族は奴隷に適応し、鞭《むち》を免れないのに政権に参与しようと欲し、小わっぱ（小醜）をおさえられないのに、白人を防ごうとするとは、恥かしくはないか。

（「支那亡国二百四十二年紀念会啓」）

さらに、中国に西欧的議会制度の導入を夢みていた理性的な宋教仁《そうきょうじん》も、基本的に同じ民族観であることがわかる。

満州人は遊牧の野蛮で狂猛な武力で戦勝し、犬や羊が暴れ回り、猪や蛇が嚙《か》みつく、ように、わが族を苦しめ、国力は弱体化し、ついには亡国となってしまった。こうしてわが文明の民族、光栄の歴史は惨憺《さんたん》たる暗闇に落とし込められ、陽の目をみなくなった。

（「漢族侵略史・叙例」一九〇五年）

数多くの革命派とつきあい、その革命派コミュニティ形成に貢献した章士釗《しょうししょう》によれば、中国を侵略した西洋人を「鬼子《グイズ》」と軽蔑したように、満州民族を「韃子《ダーズ》」と軽蔑していたという。

満人をみれば「韃子」と称するのは、西洋人をみて「鬼子」と称するのと同じである。これは仇満の意味であって、もとより普通の人々が知るところである。

（「読『革命軍』」一九〇三年）

ここに登場する満州民族にかぶせられた蔑称は、虎、狼、犬、羊、猪、蛇、賤族、野蛮、韃子などである。まさに漢民族は立派な文明人であるが、夷狄の民族は未開な野蛮人であるというステレオタイプの議論が多い。多いだけではない、それを強調した人々が、中国の最高級の知識人であったことは、「華夷之辨」の根深さを物語る。

ただ、遊牧民族であるがゆえに羊のようにくさい賤族であるという表現をみると、そこには農耕民族による遊牧民族への根深い違和感、警戒感が倒錯した蔑視へ発展したようにも映る。しかし「北狄」「西戎」は基本的に遊牧民族であるが、「東夷」「南蛮」は中国と同じように農耕民族である。同じ夷狄であっても、遊牧民族と農耕民族に対しては、そのまなざしは異なるのか。だが農耕民族の日本軍が中国を侵略したとき、同じように中国人は日本軍を「東洋鬼《トンヤングイ》」「鬼子」「小日本」と蔑称で呼んだことはよく知られている。

このように中華と夷狄の間には、「民族優劣差別主義」ともいうべき超えられない区別（差別）があった。孫文の片腕であった胡漢民《こかんみん》は、清朝政府打倒の正当性を次のようにいう。

われわれ優美な多数派民族が、悪劣な少数派民族のもとに抑えつけられ、彼らはわれわれに同化しようとせず、われわれが彼らに同化するように強要している。これは理にかなっていない（理則不順）。

（「民報之六大主義」一九〇六年）

ここに、優秀、有能な漢民族が、劣悪、野蛮な夷狄（満州民族）を支配し、漢民族への同化を求めるのであれば、それは「理にかなっている」（理則順）のであるが、逆は「理にかなっていない」という抜きがたい差別観をみてとることができる。

（四）「九世の讐《あだ》に報復する」

このような野蛮な満州民族支配の道徳的堕落の例として象徴的に語られるのが、満州民族が万里長城を越えて入関したときに発生した大量虐殺である。われわれ漢民族は二百六十年にわたって綿々とその虐殺の怨みをいだいて子孫に伝えてきた。だから清朝打倒は、単なる政治の民主化、民族の復権だけでなく、二百年以上も前に受けた虐殺の復讐行為であると、怨念のレベルで語るところにも、辛亥革命運動のきわめて特殊な側面がある。

中国には「九世之讐」（九世復讐）という言葉がある。祖先とは九世までをさすが、祖先が受けた仕打ちを忘れてはならず、かならず復讐しなければならないし、復讐は百世たっても正当化できるという考え方だ。

孫文も満州民族による虐殺を強調している。革命の必要性を、単なる歴史発展論理や近代化論で説明するのではなく、感情に訴えているところが、きわめて中国的である。西洋人への説明では、次のように述べている。

満州政府は中国政府でないと強調したい。今日、中国人は自己の政府をもっていない。そして「中国政府」という名称は、現在の中国の政府をさすのであれば、誤った呼び名である。（中略）満州人は、中国人に接触し始める前は、アムール川流域の曠《こう》野《や》にある遊牧民の部落を転々と飄泊《ひょうはく》していた。彼らは平和的に住んでいた辺境の中国人住居をたびたび侵犯し、略奪していた。明朝末期、中国で大きな内戦（civil war）が発生すると、千載一遇の好機とばかり、蛮族がローマ帝国を侵略したように、突然に襲来し、北京を支配した。これは一六四四年のことである。中国人は外国に支配されることをよしとせず、強固に反抗した。服従を求めて野蛮な満州人は残酷にも数百万の人々を虐殺した。戦闘員、非戦闘員、青年、老人、女性、そして子どもまでが含まれており、住居を焼き尽くし、略奪し、満州人の服装を強要した。統計によれば、数万人が辮髪《べんぱつ》を拒否して殺戮《さつりく》された。

（〈The True Solution of the Chinese Question〉一九〇四年）

孫文はこの漢民族がこうむった虐殺にたいし、清朝打倒の革命運動が民族的復讐であるとはいっていない。しかし、鄒容は「九世復讐」を取りあげ満州民族の駆逐を正当化する。

九世復仇の義をかかげ、十年血戦の覚悟をきめ、わが刀をとぎ、わが旗を立て、各人が九死一生の気魄《きはく》を持ち、われわれを凌辱《りようじよく》し、圧制し、虐殺し、姦淫《かんいん》する賊満人を駆除して、わが文明の祖国を回復し、わが天賦の権利を回収し、わが生来の自由を挽回し、一人一人の平等の幸福をかちとるのだ。（「革命軍」）

もっとも過激なのは徐錫麟《じよしやくりん》である。徐錫麟は一九〇七年、安徽巡撫《あんきじゆんぶ》・恩銘《おんめい》を暗殺して処刑された烈士である。「排満」ではなく、「滅満」である。

満人がわが漢族を虐殺してから三百年にならんとしている。（中略）宗旨を定めて、時に乗じていったん蜂起すれば、満人を殺し尽くす。そうすればおのずと漢人が隆盛になる。（「排満宗旨」一九〇七年）

章炳麟は自ら「復讐は是か非か」と問いかけ、是と断定する。当時、「九世之讐」は、時代遅れの復讐主義として非難されていたのにたいする回答である。

種族革命は復仇を志す。（中略）不平等を平らにして平等にすること、これが復仇の意味である。（中略）強力者がかつて人権を蹂躙《じゆうりん》したので、今日回復しようとすれば、必ず強力者の手から取りかえすほかなく、およそ自分に害を加えた者には、その胸に弾丸を撃ちこむのが当然である。これは復仇ではないか。（「復仇是非論」）

民族の権利を蹂躙してきた権力者にたいしては、被抑圧者の権利として報復することができるという。平等達成のための叛逆を正当化する主張は、西欧における「革命権」の正当性の主張を彷彿《ほうふつ》させる。

アナキストとなる張継《ちようけい》は、具体的な満州民族の蛮行として有名な揚州《ようしゆう》虐殺、嘉定《かてい》虐殺を忘れるなという。一六四五年、清軍は中国全土を平定する過程で、江南の揚州を包囲し、十日間で八十万人を虐殺したという。また同様な虐殺が上海郊外の嘉定でも繰り広げられた。その受難のドラマは「揚州十日記」「嘉定屠城紀略」などに記録として残っており、それを読んだ清末志士は、涙を流しながら復讐を誓った。

満州人とは何か。中国は中国人の中国である。二百六十年前は、黄河の川辺、揚子江の川岸には、黄帝の子孫が住んでいただけだ。そこには満州遊牧の痕跡《こんせき》はなかった。（中略）満州が中原を窃奪し、北は幽燕《ゆうえん》（華北地方の河北《かほく》、遼寧《りようねい》）から南は滇粤《てんえつ》（華南地方の雲南《うんなん》、広東《カントン》）まで、その虐殺、焼き討ち、掠奪《りやくだつ》は、元の時代よりもなお激しい。揚州十日、嘉定万家だけでなく、ほかの州、県も同じように虐殺された。

（「読『厳拿留学生密諭』有憤」一九〇三年）

いわば民族的怨念を、これでもかこれでもかと、宿敵・満州民族朝廷にぶつけた。そして「九世之讐」で復讐を呼びかける。これは近代的な民族主義というよりは、伝統的な復讐主義である。本来、この「九世之讐」は、個人や家、宗族（同じ一族）のレベルでの復讐原理であるが、それを民族、種族のレベルに拡大し、「光復」を「復讐」に置き換えることで、より身近な論理にしたのであろう。

（五）中国人とは、「中華」とは何か

これまでの主張をみると、一貫して漢民族＝中華、満州民族＝夷狄という峻別がなされ、いわゆる「華夷之辨」による論理展開であることがわかる。

では、夷狄と区別された漢民族としての中国人、中国、あるいは中華とは何か。

孫文にとって、漢人＝中国人とは何なのか。それははっきりしている。

わが漢人は軒轅《けんえん》（黄帝）の子孫である。

当時、「中国人の中国」「中国人は黄帝の子孫」を強調する論調が圧倒的に多かった。「中国は黄帝の子孫である中国人の国家である」ということである。そこには、黄帝の子孫ではない夷狄の諸民族を中国から排除する目的があった。陳天華は、たびたび中国は漢人国家であることを強調している。

国家は漢人の国家であり、満州は偶然に漢人に代わった代理にすぎない。

（「中国同盟会革命方略（軍政府宣言）」一九〇五年）

本会（強中会）の会員は中国とは漢人の中国であることを知らなければならない。会の規則でいう国家とは、四億漢人の公共団体をさすのであって、現在の満州政府ではない。その違いを細かく分けなければならない。

（「警世鐘」一九〇三年）

革命派のなかで活躍した文化人の柳亜子《りゅうあし》も「中国人の中国」を主張する。

現在の中国は民族主義の中国であるか。民族主義ではない。民族をはっきりと区別しなければならない。中国は中国人の中国であることを悟らなければならない。けっして蛮夷戎狄の中国ではない。

（「獅子吼」）

（「民権主義！　民族主義！」一九〇七年）

光復会の重鎮、陶成章《とうせいしよう》は同じような、とてもわかりやすい説明をしている。

中国とは、中国人の中国である。中国人とは誰のことか。漢人である。中国の歴史とは、漢人の歴史である。（中略）中国の歴史とは、漢族の統治の歴史である。（中略）中国民族（中国民族は一名漢族といい、中華人と自称する。また中国人ともいう）と、チベット族、ミャオ族、満州族、モンゴル族、鮮卑族、突厥族などとは別民族である。

（「中国民族権力消長史・叙例」一九〇四年）

中国民族、漢民族、中華人、中国人、漢人と、さまざまな表現がとられるが、すべては同じ内容であって、「チベット族、ミャオ族、満州族、モンゴル族、鮮卑族、突厥族」などの夷狄とは異なった民族であることを繰り返し主張する。

当時、皇帝の年号を拒否し、中国人＝漢民族の始祖であるとされる黄帝を共通した祖先として祀《まつ》ることで、漢民族の民族意識を高めようとする動きが高まった。そのころ、日本では神武天皇以来の歴史を誇るために、紀元（皇紀）が採用されていたが、革命派の多くが日本に留学した影響もあって、漢民族の民族的シンボルとして、黄帝がもちだされたのである。宋教仁も黄帝即位の年を紀元とすることに賛成している。

中国は漢族の中国である。（中略）（黄帝）即位の年を紀元とすることは、漢族開国の一大記念である。

（「漢族侵略史・叙例」）

劉師培も同じ考えであった。

漢族の生存を望むのであれば、急いで黄帝を崇めなければならない。黄帝は漢族の黄帝である。これを紀元とすることは、漢族の民族感情を発展させることとなる。

（「黄帝紀年論」一九〇三年）

黄帝即位には諸説があって、紀元の計算方法は統一されていなかったが、中国同盟会の機関誌「民報」は、一九〇五年を黄帝紀元四六〇三年とみなし、孫文は中華民国元年を四六〇九年とした。こうして中国、中華とは、黄帝の子孫である漢民族の中国であることに限定された。もちろん、これは「華夷之辨」にもとづく革命派の主張に限定されることはあきらかだ。

それを前提として、では次に中国とはどの地域までをさすのか、という問題も出てくる。多民族によって構成されていた清帝国は、二十二の省と周辺の藩部から成立していた。そのうち、どこまでが、孫文のいう中華、中国であるのか。中国人が住む中国なのか。どこからが中国ではないのか。孫文は次のような興味深い発言をしている。

満州が山海関を越えて中国に侵入して以来、すでに二百六十余年になる。われわれ漢人は子どもであっても満州人をみればその違いがわかり、けっして漢人とみなすことはない。これこそが民族主義の根本である。（中略）民族主義とは、けっして同族でない人を排斥するものではなく、同族でない人がわが民族の政権を奪うことを許さないことである。わが漢人が政権を握っていてこそ国といえるのであって、もし政権を同族でない人に握られていたら、それは国であるといっても、もはやわが漢人の国ではない。（中略）われわれはすでに亡国の民になっている。（中略）われわれは満州人を恨むのではなく、漢人を迫害する満州人を恨むのである。仮にわれわれが革命を実行するとき、満州人がわれわれを妨害しないのであれば、けっして復讐する道理がない。

（「在東京『民報』創刊周年慶祝大会的演説」一九〇六年）

孫文の演説では、同じような文脈で、中国、中華、あるいは中国人、漢人、漢民族が同じ概念として使われている。これは、中国で演説するときと、日本で演説するときに、用語を使い分けているだけである。

孫文はかなり穏やかな光復革命論者である。満州民族の支配を批判するものの、「九世之讐」のような復讐、報復論を強調しない。中国の支配から満州民族を駆除することを唱えているだけである。「殺し尽くす」などの過激な言葉は使用しない。

この孫文演説をさらに注意深く分析すれば、次のような論理の可能性を読みとることができる。漢人の国を「同族ではない人」＝満州民族が支配しているので、「漢人は亡国の民」になっているという。だとすれば、満人の国を漢人が支配すれば、「満人は亡国の民」となる。その論理を拡大すれば、現在は漢人の国だけでなく、モンゴル人やチベット人の国も満人が支配しているから、「モンゴル人も亡国の民」であり、「チベット人も亡国の民」である。将来、満人に代わって漢人が清国のようにモンゴルやチベットの国を支配すれば、同じように彼らは「亡国の民」となる。「亡国の民」は民族の悲劇であるから、満人も万里長城（山海関）のあちらに戻って、満人の国を治めればいい。モンゴル人もモンゴルの国を、チベット人もチベットの国を治めれば、みんなが「亡国の民」にならなくてすむ。

この論理が成立するためには、孫文は、漢人の国、満人の国、モンゴル人の国、チベット人の国がそれぞれ並立していることを認める必要がある。

そして、孫文はそれを認めている。漢人・中国人の国は、清帝国全体ではなく、漢民族が居住する十八省にすぎないというのである。

革命を実行しなければ、韃虜清朝を廃滅し、わが中華祖国を光復、漢人民族の国家を建立することも不可能である。（中略）清帝は異種であり、漢人とはあきらかに種族の違いがある賊を父とする理屈を認められない。

（「在旧金山麗蟬戯院的演説」一九一〇年）

孫文は、漢人国家を建設するためには異民族の韃虜清朝を廃滅しなければならないとするが、清王朝に代わる漢人国家は、当然ながら「中国人の中国」という限られた領域とならざるをえない。ではそれはどこまでか。孫文は回答として、昔から漢民族が中心に住んでいる十八省だけであると、その範囲を限定している。

支那国土を統一してすでに数千年。途中に分裂する異変があったが、久しからずして一つとなった。近世五、六百年、十八省の土地は金の瓶《かめ》のように固く、分裂の憂いはない。

（「支那保全分割合論」一九〇三年）

（革命が）成功すれば、十八省の議会がそのうしろ盾となって、軍政府が専断しようとしても、心配ない。（「与汪精衛的談話」一九〇五年）

これらをみるかぎり、限定された中央部の十八省が、孫文のいう「中国人の中国」である。『「排満」と民族主義』を著した王春霞《おうしゅんか》は次のように指摘する。「孫中山はこのとき（一九〇〇年ごろ）、まだ東北、新疆およびモンゴル、チベット、青海など少数民族区域については顧みず、ただ漢族の十八省を考慮していた。孫中山の心中では『支那』とは漢族の十八省だけであった」（『「排満」与民族主義』）。

王春霞は、「排満」論者の依拠した理論を、「伝統的な『夏夷之辨』観念と、西欧の『人種』学説および『単一民族国家』の民族主義理論であった」とみなす。十八省国家とは、まさに漢民族によって構成される「単一民族国家」論である。

十八省以外は「中国人の中国」ではないということならば、中国人からみれば「同族ではない人」の地であり、夷狄の国である。中国人が「亡国の民」になることを避けなければならないように、夷狄の民も同じように「亡国の民」になることを避けなければならない。だからそこでは夷狄の各民族がそれぞれ「満州人の満州」「モンゴル人のモンゴル」

「チベット人のチベット」「回人の新疆」を創ることとなる。

この点に関連して、辛亥革命の年、孫文は次のような興味深い言葉を残している。

中国は地理的には二十二の行省に分かれ、加えて三大属地、すなわちモンゴル、チベット、新疆があって、その面積はじつにヨーロッパより大きい。各省の気候は異なり、ゆえに人民の慣習や性質も気候によって差異がある。このような情勢だから、政治的には中央集権は宜しくない。北アメリカの連邦制度がもっとも宜しい。

（「与巴黎『巴黎日報』記者的談話」一九一一年）

十八省だけが真の中国だとすれば、残りの四省とは、チベット民族が多く住む青海省《せいかい》と、満州民族の郷里である黒龍江省《こくりゅうこう》、吉林省《きつりん》、奉天省《ほうてん》の東三省であり、そこは「中国人の中国」ではない。さらにモンゴル、チベット、新疆の三大属地（藩部）も、あきらかに夷狄の地であった。十八省だけが「中国人の中国」であれば、黒龍江、吉林、奉天は「満州人の満州」であり、またモンゴルは「モンゴル人のモンゴル」、チベットは「チベット人のチベット」、新疆は「回人の新疆」ということになる。

ただ、さすがに孫文も夷狄の地は勝手に好きなようにしろという放任主義ではなく、この段階では連邦制を取りあげている。それぞれの国家を同一国家として中央集権国家に組み込むのではなく、ゆるやかな連邦制とすることを構想したのであろう。どのような連邦制であるかは、はっきりしていない。この構想は、中華民国が誕生するとたちまち崩壊するが、それまでの孫文の一つの結論であった。

(六) 立憲君主制の変法派は「大一統」を堅持

西欧列強に敗れ、痛めつけられ、果てはかつての東夷であった小国日本にまで敗戦するという清朝政権のふがいなさに、エリートである多くの知識人(士大夫)たちが、知識人特有の危機意識をいだくのは当然であった。中華帝国の行く末を危惧《きぐ》しながら、さまざまな改革案を模索し、その有効性を競いあった。

「華夷之辨」で清朝打倒をめざそうとした革命派に対抗して「大一統」の堅持を唱えたのが、清朝のもとでの立憲君主改革を進めようとした康有為らの変法派(立憲派)である。簡単にいえば、時の光緒帝《こうしょ》は中国の現状を変革しようとする開明的名君であるから、光緒帝を中心に欽定《きんてい》憲法を制定して国会を召集し、広く意見を聴取することで、皇帝専制の旧悪を打破することができるという立憲君主体制への改良路線である。

康有為らがもっとも憂慮したのは、「華夷之辨」で清朝打倒の革命をおこなった結果、天下「大一統」の中華帝国が瓦解する事態を招くことである。瓦解すれば、虎視《こし》眈々《たんたん》と中国支配を狙《ねら》っている西欧列強がその間隙《かんげき》をぬって中国を分裂させ、事実上の植民地にさせられるという危機感がある。だから伝統的な「大一統」で、西欧列強と対抗できる強国を再興しなければならない。そのために必要なのは、革命ではなく、中華帝国を混乱なく内部から改良し、近代的な民主的立憲君主体制を確立することである。革命と改良のリスクを比較すれば、改良の方が安全であるということだ。もちろん、日本の天皇制のもとでの立憲議会制度を意識してのことである。

漢民族と満州民族の関係、すなわち華夷の関係については、一九〇二年に康有為が華《か》僑《きょう》にこたえた「書簡」で、くわしく論じられている。以下、少しこの書簡から引用する。

康有為は、「華夷之辨」を排して「大一統」の重要性を主張するのであるが、①「華夷之辨」でいうところの区別は、文化的差異であって種族的差異ではなく、「大一統」こそが大切である、②現実に満州民族と漢民族は一体化している、③華夷の分裂は列強の侵略を激化させる、ということを強調する。

①「華夷之辨」の解釈

革命派は「華夷之辨」を種族的な区別とし、漢民族＝中華、満州民族＝夷狄と決めつけ、夷狄支配打倒の「排満」思想を鼓舞した。それにたいし康有為は、「人種を中心に考えているのではない」と反論する。

そもそも、夷と華の区別は、『春秋』にもとづくものである。しかし、孔子が『春秋』を著わした本意は、中国であっても夷狄の行為をすれば、それを夷狄とし、夷狄であっても礼義があれば、それを中国とするものであった。（中略）孔子のいわゆる中国・夷狄の別とは、現在のいわゆる文明・野蛮の別のようなものにすぎない。したがって、中国・夷狄は、固定した言葉ではなく、情況に応じて変化するものである。有徳のものは夷狄であってもこれを中国といい、無道のものは中国であってもまたこれを夷狄といっている。進化を中心に考えているのであって、人種を中心に考えているのではない。

（「答南北美洲諸華商論中国只可行立憲不可行革命書」、訳は『清末民国初政治評論集』による）

かつて夷狄であったものも文明が進化すれば、いずれ華と夷の区別はなくなり、「大一統」のもとで、大帝国を堅持できるというのだ。満州王朝は、すでに中華文明を継承して著しく発展させてきたのであるから、夷狄ではなく中華の仲間である。

②漢民族と満州民族の一体化

「華夷之辨」が現実に適合しないのは、すでに満州民族と漢民族が「一体化」している現実からあきらかだという。

満州族と漢族とはもともと教を同じくしている。（中略）漢人がつねに政権の座についている。同治《どうち》年間以後、総督巡撫はほとんどみな漢人であり、（満漢の間には）ほんのわずかのわだかまりもない。建国以来二百余年、結合して一体となっており、国土は広きこと万里におよび、（中略）いわゆる満漢なるものは、本籍・寄留の差異にすぎない。その教化文義はみな周公・孔子に従い、礼楽典章はみな漢・唐・宋・明のものを用いており、中国の教化・文字を用いなかった元の時代とはまったく異なっている。おもうに同化して一国となり、ほんのわずかの差異もない状態となって以来久しいのである。（同前）

では、揚州虐殺など満州民族が犯した野蛮な罪をどのようにみなすのか。昔の戦争とはそのようなものだとわりきる。仇討ちなどとは、現代には通じない時代錯誤であるといいたいのであろう。

むかしの災難である揚州十日の記・明末両王流浪のことをひいて、九世の仇をうとうとするようなものがあるが、それらはまだ文明の開けなかった往時における戦争の常態なのである。（同前）

③列強の餌食《えじき》

辛亥革命運動は、列強の侵略という危機のなかで進められた。だから列強という敵の前では、団結して外敵にあたらなければならないという危機感が存在する。「華夷之辨」で内訌《ないこう》（内紛）を繰り返していたら、結果として列強に漁夫の利をさらわれて、天下瓦解を招くのではないかと危惧する。

革命をとなえるものは、口を開けば、かならず満州を攻撃するが、これは不可解きわまることである。そもそもモンゴル・新疆・チベット・東三省を開拓して大中国の版図を確立し、二百年にわたり一体となって相い安堵《あんど》してきた政府にたいして、わけもなくやたらとフランス、アメリカの例を引いて内訌を生じ、夷狄を攘《はら》い、種族を区分する議論を発して大禍《たいか》をまねこうとしている。（同前）

「大禍」とは、いうまでもなく欧米列強（加えて日本）の侵略を容易にする禍《わざわい》である。

列強が虎視眈々として競争している現在、統一していても危険きわまりないのに、もしわが同胞が殺しあい、数百年後の安定をまって内政を振興するというのであれば、鷸《しぎ》と蚌《はまぐり》がかみあって漁父が利を得るように、かならず外人に占領されるにちがいない。（中略）

いま真に自立しえたとすれば、かならず各省が争いあうであろう。たとえ争いあわないとしても十八省が十八国に分裂するにちがいない。（中略）もし十八国に分裂すれば、国勢はエジプトや朝鮮程度のものになってしまい、その結果は、大国に支配さ

れて奴隷となるだけのことである。（同前）

康有為の結論は、「大一統」の堅持である。中華帝国を解体する恐れがある革命ではなく、中華帝国を団結させるところの「満漢不分、君民同体」を旨とした。

愚見によれば、大中国を愛し、一統を愛することこそが必要なのである。（同前）

康有為は、公羊学《くようがく》の「張三世」（三世説）でいう「撥乱世《きょらん》、升平世《しょうへい》、太平世」を大同論と融合させながら、世界は乱世→小康《しょうこう》→大同へ発展するという進化論の立場をとった。乱世にあらわれる種族や人種の争いは、いずれ小康の段階をへて、争いがなくなり、大同団結して大同の世になっていくという考えである。だから、まさに「四海皆兄弟」の理想像を描き続けた。「華夷之辨」から生まれる憎しみと対決の構図は、大同のもとで解決されなければならなかった。それだけではない、白人、黒人、黄色人種の人種対立も、いずれは解消にむかうはずであった。

太平の理・大同の道からいえば、黄・白・褐・黒色人種を問うなく、みな天から生まれたもの、みな兄弟であり、そのいずれとも親愛にせねばならないのである。（同前）

康有為は、「太平の世」(大同)になれば、華夷の区別はなくなるという。

撥乱の時代には、その国(魯とか晋とかの国)を内にして諸夏(中華)を外にし、升平の時代には、諸夏を内にして夷狄を外にし、太平の時代になると、内も外も、大も小もすべて区別がなくなるものである。したがって、「王者は、愛、四夷に及ぶ」といい、「王者は外無《そと》し」といい、また「遠方の夷、内にして外ならず」というのである。(同前)

康有為の弟子である梁啓超は稀代《きだい》のジャーナリストとして同時代に大きな影響力を発揮した人物であるが、その思想は微妙に変化し、ついには恩師と袂《たもと》を分かつ。戊戌維新当時の梁啓超は康有為の「三世説」理解と同じであった。だが日本に亡命したあと、大同思想から脱却する。

わが支那人は愛国の性質がないのではない。愛国を知らないだけだ。国とは何かを知らないからだ。中国は古来、一統であった。周辺には小さな蛮夷が連なり、そこには文物はなく、政体もなく、国の体を成していなかった。わが民は平等な国とはみなさなかった。だからわが国は数千年来、つねに独立しており、わが民は禹域《うき》(中華中心部の「九州」）と称し、天下は語っても、国を語らなかった。国を意識しなかったから、何を愛すればいいのか？

（「愛国論」一八九九年）

この反省から、梁啓超は民族国家の形成を主張した。その民族国家を愛する立場から「倒満」を主張するにいたった。

今日は、民族主義がもっとも発達した時代である。この精神がなければ、けっして国を建てることはできない。（中略）だから民族主義を喚起するためには、勢い満州を攻撃せざるをえない。日本では「倒幕」が最善の主義であったように、中国では「倒満」が最善の主義である。

（「致康有為」一九〇二年）

「排満」ではなく、「倒満」がミソである。しかし、「倒満」後の新たな国家建立については、それぞれの民族が別々の国家を建立するというものではない。新たに多民族で構成される「大民族主義」を唱えたのである。これはあきらかに「大一統」の伝統を受け継ぐものだ。

中国は秦、漢から今日まで、ずっと統一の時代であった。これが中国の国体がヨーロッパと大きく違うところである。（中略）ゆえにヨーロッパでは諸国がつねにわかれており、中国ではつねに全域が統一されていた。

（「論中国与欧州国体異同」一八九九年）

この伝統的現実を踏まえながら、次のような「大民族主義」を提案する。

わが中国の民族には、小民族主義のほかに大民族主義を提唱する。（中略）大民族主義とは何か。国内本部の諸民族を合体させ、国外の諸民族に対応することである。（中略）漢を合わせ、満を合わせ、モンゴルを合わせ、回を合わせ、ミャオを合わせ、チベットを合わせ、もって一大民族として組織し、全地球の三分の一の人類を五大陸の上に飛躍させる。

（「政治学大家伯倫知理之学説」一九〇三年）

この大民族主義は結局のところ「大一統」であり、民族分立の民族国家論に反するのではないか。「大一統」と「民族国家」の矛盾について、梁啓超は次のように説明する。

多数の民族を一つの国家に合体させることは、その弊害も多いが、その利益も少なくはない。世界の文明は、さまざまな民族が互いに教育しあい、相互に影響しあいながら進化してきた。一国の政治も、また往々にして多民族の栄養を補給して、さらによくなるものだ。

（同前）

しかしながら、梁啓超の心のなかには、かなりの葛藤《かっとう》があったという。民族感情としては、漢民族の悲劇に涙流さずにはおられないが、理性的には満州民族など異民族と仲よくする必要があると、内心苦慮した。

私の説は、心から満州人を愛するからではない。感情でいえば、血や涙を抑えきれない。「揚州十日記」「嘉定屠城紀略」を読むたびに、熱い血が煮えたぎる。だから数年前、排満論を主張した。師や友人は私を責めたが、その説を変えようとはしなかった。今日、この思想は心中に渦巻き、酒を飲むたびに耳を熱くする。時には抑えきれない。

（「中論種族革命与政治革命之得失」一九〇六年）

とはいえ、革命派が唱える種族革命は九世の復讐による「暴動革命」を招き、結果として中国を最悪の混乱に陥らせるという危惧を、梁啓超はぬぐい去ることができなかった。「倒満」であっても、種族革命ではなく、理性的な政治革命で実現することを願ったのである。

第三章　辛亥革命と五族共和

——排外に始まり融和に終わった革命

武昌起義時の湖北軍都督府と十八星旗

一九一一年十月十日に、湖北省の武昌（武漢三鎮である武昌、漢口、漢陽の一つ）で、清朝打倒の光復革命が勃発した。この武昌起義に成功したという第一報が伝わると、各省、各地でも革命起義が次々と起こる。こうして辛亥革命が始まり、清軍と革命軍（起義軍）の内戦が展開されることとなった。

ところが革命は大混乱のなかで進められた。なぜなら、革命の統一的司令部がなかったからである。光復革命に参加した革命陣営には、革命派だけではなく、さまざまな思想と立場の人々が参加した。いわば混成部隊であり、統一的革命思想によって展開されたものではなかった。先の清朝打倒の太平天国革命（一八五一―六四年）は、洪秀全《こうしゅうぜん》というカリスマ的指導者のもとで展開された。今回の革命は、そうした個人の革命思想で統一的に展開されたものではない。

湖北軍政府を樹立した武昌起義ですら、そのシンボル（都督《ととく》）としてかつぎだされたのは、革命とは無縁の清軍協統（旅団長）であった黎元洪《れいげんこう》であった。合計十八省で清朝からの独立が宣言されたが、革命派が掌握した革命軍の軍政府は広東省など数少なかった。巡撫など清朝の地方高級官僚、清朝のもとで組織された各省の諮議局（地方議会）議員、それに立憲派など、さまざまな思惑を抱えた連中が辛亥革命になだれ込み、各地の革命軍政府（都督府）を掌握した。

各省が次々と独立宣言をおこない、独立した軍政府は都督を選出して革命軍を自称し、清軍の攻撃を駆逐したものの、地元の都督府を堅持するのが精一杯であった。依然として清朝政府は北京に存在しており、独立した各省が統一司令部を形成して統一革命軍で北京に進軍し、武力で清朝支配を打倒することが求められていた。

とりあえず、独立した十七省（一省が独立を取り消したため）の代表が集まり、十一月十五日、上海に「各省都督府代表連合会」が組織され、新しい中国政府の樹立を模索することとなった。しかし統一革命軍で北京を攻撃する軍事力をもっていなかったから、清朝の総理大臣である袁世凱《えんせいがい》に寝返りを求め、彼に大総統のポストを用意するほどであった。暫定的な代表も、武昌起義元勲の黎元洪であったり、革命派の黄興《こうこう》であったり、いわばガタガタの革命政権であった。

「各省都督府代表連合会」に集まった各地の代表には、「華夷之辨」の革命派もいれば、「大一統」で堅持されていた清朝で禄を食《は》んでいた官僚もいれば、「大一統」の立憲派（変法派）もいたのである。問題は、こうした混成チームで、清朝打倒による「排満」光復革命が成功したあとに、どのような新政府を建立するかということであった。

（一）武昌起義

まず、武昌起義直後の湖北軍都督府の革命宣言等をみてみよう。これはあきらかに「華夷之辨」にもとづく「排満」の「漢民族単独建国主義」であった。蜂起の翌日（十月十一日）に出された黎元洪の「布告」は次のようにいう。

今日の満奴は漢一家のメンバーではないことを知るべきだ。（中略）（われわれ漢民族は）ともに手を携えて光復事業を実現し、漢一家を中興させよう。
（「中華民国軍政府鄂軍都督黎布告」）

さらに翌日の宣言は、革命派が唱えていたような口調で、満州民族を侮蔑《ぶべつ》し、九世の復讐を実現する好機であると訴えた。

それ満奴は（中略）黒水（黒龍江）の旧部にいた女真の遺孽《いげつ》（遺された悪党）であり、犬の獣性をもって人の理を偽ってきた。（中略）十八行省の父老兄弟よ、ともに力を合わせて進み、ともに仇を討ってわが邦を取り戻し、わが国の恥を雪《そそ》ごう。

（「中華民国軍政府布告全国文」）

あきらかに革命派の影響が濃厚な革命宣言である。築きあげようとする新国家は、十八省に住む漢一家の国家であるとイメージしている。

十月二十日、湖北軍都督府は「全湖北人民」の名目で、袁世凱に革命へ合流するように要請している。そこでは袁世凱が漢民族である以上、その忠誠を自らの民族である漢民族に尽くすよう、民族の感情をくすぐっている。そして、アメリカ独立革命にちなんで、袁世凱に「漢族のワシントン」という最大限の賛辞をおくっている。

今日の革命は種族を起点としている。天経地義で「華夏之辨」はあきらかとなっている。すべての源はここにあって、忠孝の心はここにある。（中略）「漢族のワシントン」になることを、閣下に望むだけである。

（「全鄂人民致袁世凱書」）

わざわざ「華夷之辨」（ここでは「華夏之辨」）の言葉を引用していることからみても、漢民族国家建設を強調していることは、はっきりしている。

革命直後の湖北軍都督府の写真をみると、その正門に二つの大きな「十八星旗」がかかげられている（七九ページ参照）。それが武昌起義の性格を如実にあらわしている。

武昌起義の性格については、王春霞（前出）の記述がわかりやすい。

「十月十日、武昌起義の成功で、『十八星旗』が高々と蛇山の黄鶴楼《こうかくろう》にひるがえった。それは革命のシンボルであり、革命軍民の闘争意思を激励するものであった。しかしそれは狭隘《きょうあい》な『民族主義』を集中的に表現していた。『十八星旗』はただ十八行省を代表するだけで、黒龍江、吉林、奉天、新疆の四つの行省、および内モンゴル、外モンゴルとチベットの広大な区域は外部として排除された」。

武昌起義を内部から支えた革命派結社の共進会のシンボルが「十八星旗」であった。一九一二年に四川軍政府が発行した壹圓銀幣の裏には、中央に「漢」の文字が描かれ、周りを十八個の○が囲んでいる。当然○は漢民族を中心とする十八省を意味している。

ところが、この湖北軍政府の見解は、辛亥革命の主流とはならなかった。それは、辛亥革命全般で、孫文ら革命派が主流にはなれなかったからである。その後、中華民国の国旗論争では、「十八星旗」の是非が論じられることとなる。

もともと「華夷之辨」による光復革命論は、清朝打倒の民族革命に多くの人々を動員する分には、煽情的効果を発揮する。しかし、清朝打倒ののち、新たに樹立する国家のあり様を議論するとき、大きな問題点が露呈する。

「華夷之辨」によって、十八省に住む漢民族だけで漢民族国家を建国するならば、その他

四川軍政府造「漢十八星壹圓銀幣」
中華民国元年（1912年）

の東三省（黒龍江、吉林、奉天）、新疆、モンゴル、チベットはどうするのか。それとも「大一統」に戻り、漢民族を中心とした中華帝国の伝統を再現するのか。三つの選択肢があった。

①東三省、新疆、モンゴル、チベットを中国から切り離し、それぞれ満州民族国家、回民族国家、モンゴル民族国家、チベット民族国家として独立することを容認する。

②独立したそれぞれの民族国家と漢民族国家とは連邦制をとって、ゆるやかな中華帝国の版図を維持する。

③前の①、②の場合、いずれも中央集権的な「大一統」のもとで綿々と続いてきた「偉大な中華帝国の歴史」が終焉を迎える。それを避けるために、漢民族が政権を回復するものの、いわゆる「藩部」も含めた大民族主義（事実上は「大漢民族主義」）によって、中華帝国の版図をそのまま受け継ぐ新国家を建設する。

じつは、辛亥革命勃発から中華民国の誕生まで、二カ月半ほどあったが、そこでは新国家を各省の自立性を認めた連邦制にするのか、それとも従来のような中央集権国家にするのか、大きな争いがあった。それは、裏を返せば、「華夷之辨」と「大一統」の争いでもあった。

「華夷之辨」をとる湖北軍政府の立場は、連邦制を主張した。

神州の恢復をめざし、わが父老人英才（すべての人々）と一緒に、民主自治連邦共和国を建立しよう。（「聯合東南進討満奴檄」一九一一年十月二十三日）

この言葉を読むかぎり、「東南諸省」を含めた各省が連合して「民主自治連邦共和国」を築くのであって、連邦とは、十八省の漢民族の各省の自治的連邦を意味している。だとすれば、それは②の連邦ではなく、①の選択を意味する。

さて、「華夷之辨」でさんざん排満革命を強調してきた革命派は、その光復革命が実現するという事態に直面して、どのような主張を試みたか。

①のように夷狄の排斥、離脱、独立を認めるか。それとも②のように、夷狄の自立、自治を認めながらも、それを漢民族国家につなぎとめようとするのか。孫文はすでにみてきたように、①の立場を容認するような主張であった。しかし、革命派にとって焦眉《しょうび》の課題は、被支配民族としての漢民族と、支配民族としての満州民族との両民族の矛盾解決であり、その他の周辺民族のあり様には、あまり関心を示していない。

肝腎の孫文は、じつは辛亥革命のときには中国におらず、武昌起義の成功はアメリカのデンバーで、その一報を聞いた。そして激しい内戦の間にヨーロッパを歴訪して、中国に帰国したのは十二月末である。その期間、新しい中華民国の政体を決める主導権は、上海や南京で開かれた寄合い所帯の「各省都督府代表連合会」にあり、そこでは孫文の意思は伝わらなかった。孫文が帰国して合流したのは、十二月二十五日で、すでに大勢が決まったあとであった。そして孫文が臨時大総統に選ばれ、一月一日には中華民国の樹立を宣言した。そのため、新しい中華民国に孫文の意思を十分に盛り込むことはできなかった。

もともと、孫文がいない間の「各省都督府代表連合会」で主導権を握ったのは、けっして革命派ではなかった。さまざまな勢力の寄合い所帯である同連合会は、むしろ「大一統」の考えが主流であった。

孫文が合流するまで、独立を宣言した革命側の主導権を握ったのは浙江《せっこう》都督湯寿潜《とうじゅせん》、江《こう》蘇《そ》都督程徳全《ていとくぜん》、江蘇諮議局議長張謇《ちょうけん》、湖北諮議局議長湯《とう》化龍《かりゅう》、外交官僚伍廷芳《ごていほう》（臨時外交代表、南北議和代表）ら、旧官僚、立憲派であった。革命派と諮議局との関係は微妙である。じつは、十月十日の起義直後に開かれた湖北諮議局は湯化龍が議長を務め、次のように決めている。「十八星旗」をかかげる単一民族国家建設とは、異なった主張である。
一、諮議局を軍政府とする。二、中国を中華民国と称する。三、政体を五族共和に改める。国旗を五色に定める。紅、黄、藍、白、黒をもって漢、満、モンゴル、回、チベットを代表し、一家となす。（曹亜伯『武昌革命真史』）
先にみた「中華民国軍政府鄂軍都督黎布告」の「漢一家」概念とは大きく異なる。同じ武昌革命政権内部でも、黎元洪の都督府と、湯化龍らの諮議局とは、きたる新国家のイメージが異なっていたのである。

立憲派が牛耳っていた諮議局メンバーにとって、皇帝専制の清王朝に代わる漢民族主導の共和国家建設は、共通した認識であったが、けっして「華夷之辨」にもとづく革命を希求したわけではない。「華夷之辨」の行き着く先は、周辺のモンゴル、チベット、新疆を包含している中華帝国の崩壊をもたらす危険があるからである。清朝を打倒しても、満州民族を万里長城の外に放逐するものではない。新しい中華民国にも、従来どおり満州民族などとの共存を求めた。

清朝との政治交渉の場である「南北議和会議」の代表として伍廷芳（南の革命側）が唐《とう》

紹儀《しょうぎ》（北の清朝側）と上海で協議したときの記録によれば、次のとおりである。
伍廷芳代表の発言。皇室の待遇、軍隊の存廃は上手に処理する。湯、程、張各都督と私は摂政王に通電し、ただ退位を要請しているだけで、そのほかはすべて優遇する。（中略）唐紹儀代表の発言。聞くところ、十八省は満人を駆逐しようとしている。伍廷芳代表の発言。けっしてそのようなことはない。われわれは満人を恨むのではない。満人が政治的権力を振るうのを嫌うだけである。

（「南北議和南北代表議問答記録」第二次会議録、一九一一年十二月二十日）

伍廷芳代表が上海に来たとき、すでに革命側は次の四条を決定していた。
一、満清の転覆、二、皇室の優遇、三、満人の手厚い待遇、四、各省の統一

（「宣統三年十月二十三日外務部司員曾宗鑒致外務部丞参電」一九一一年十二月十三日）

「満清転覆」の排満革命が成功すれば、その後は満州民族も「大一統」に組み込むというプログラムである。江蘇都督程徳全も次のように、「大一統」の立場から、辛亥革命後の政体を考えていた。
政治の刷新はもっぱら国体の改革にある。漢もなければ満もない。すべて同じにい

つくしむ（一視同仁）。国のため、民のため、国事に尽くすだけだ。貴賤、上下をなくして大平等を実現し、各省民族を合わせて一大共和とする。

（「誓師文」一九一一年十月、黄炎培「我親身経歴的辛亥革命事実」所収）

しかし、この時期、「大一統」の観点からすれば、憂慮すべき事態が発生した。満州民族の支配を打ち破って、漢民族が独立しようとするならば、同じようにモンゴル民族やチベット民族も、満州民族の支配から独立しようと試みるからである。

辛亥革命で満州王朝が崩壊すれば、モンゴル民族やチベット民族がそれを独立の好機とみなすのは当然である。ふたたび漢民族政権がモンゴルやチベットを支配する前に独立をして、自前の国家を建設したいと、独立を希求したのである。

これは由々しきことである。ことは満州民族の扱いだけにとどまらない。このままいけば、夷狄の世界も包含した中華的天下が崩れ去るからである。中華帝国の版図は縮小され、漢民族だけの民族国家である中華民国が残るのみになってしまう。

実業界で成功して革命後は初代の実業総長として政治にも関わった張謇にとって、伝統的な天下崩落だけは避けなければならない。それは伝統的士大夫に共通した危機意識でもあった。だから一生懸命に独立志向のモンゴルなどをつなぎとめようと努力した。

いまは満のために努力し、漢のために努力し、モンゴル、チベット、回のために努力し、すべてを共和に変えて、福利をもたらす。

（「辛亥九月致内閣書」一九一一年十一月、張孝若「節録張季直先生伝記」所収）

張謇はモンゴルに通電して、一緒に共和国を建設しようと呼びかけている。

南方の民軍（革命側）はモンゴル族を同胞とみなし、けっして少しも外のものとはみなしていない。満清の退位は目前である。共和政治が成立し、人々が平等になれば、大総統も人民によって公選され、漢、満、モンゴル、回、チベットの五族はすべて大総統を選挙する権利を有しており、みなも大総統に選ばれる資格を有している。

（「復庫倫各法電」一九一二年、同前）

同じように外交交渉の任を受けた伍廷芳も、モンゴルに呼びかけている。

軍民起義の目的は、漢、満、モンゴル、回、チベットを合わせて一大共和国となすことである。これは漢人の私利私欲から発したものではなく、満、モンゴル、回、チベットと一緒に専制奴隷の苦しみを脱し、共和兄弟の楽しみを享受しようとするものである。これは満人にも利益となる。（中略）国民には平等の権利があり、将来の大総統についても漢、満、モンゴル、回、チベットの各人民はすべてが選ばれる可能性があり、政治上の権利に偏向はけっしてない。

（「復内外蒙古王公電」一九一二年一月十四日）

これらをみるかぎり、革命派が主張してきた「華夷之辨」は、色あせている。「華夷之辨」は革命運動の推進力（動力）であったが、革命が成就する段階になって、「大一統」が一気に盛り返してきた。

こうした流れのなかで、次にみるように漢、満、モンゴル、回、チベットの五族が一体となって共和国を建設するという「五族共和」論が誕生する。村田雄二郎の研究によれば、そのルーツは立憲派の楊度《ようど》の「五族合一」論にあったのではないかという（「辛亥革命期の国家想像――五族共和をめぐって」）。楊度は、中華民国後に袁世凱の帝制復活運動を支持した一人として悪名高いが、最後は共産党に入党するという波乱の人生を送った奇才である。

今日の世界にあって、中国は、漢、満、モンゴル、回、チベットの土地をその一部であっても失ってはいけない。漢、満、モンゴル、回、チベットの人民も、その一種族であっても失ってはいけない。土地も人民も統治権も、これまでどおりでなければならない。三者のうち一つでも変動があってはいけないのは、一つでも変動があれば、国が亡びるからである。(中略)国の形を変えてはいけないから、領土も人民も変えてはいけない。人民を変えてはいけないから、国民である漢、満、モンゴル、回、チベットの五族は、五つを合わせて一つとすべきであって、一つを五つに分けてはいけない。

(「金鉄主義説」一九〇七年)

楊度は、国民国家が競いあう世界にあって、中国が国民国家としての団結力を高めるためには、多民族を「国民」という枠のなかでつなぎとめ、それを堅持することが必要だと考えた。だから「五族立国」「五族一家」という言葉を使った。

なぜ、孫文ら革命派は「華夷之辨」で排満を唱え、楊度ら立憲派は「大一統」の堅持を唱えたのか。村田雄二郎によれば、北方の北京で活動した楊度は「内外の〝中国〟を統合した清朝の二重構造を詳細に観察していた」のにたいし、南方を主戦場として活動していた革命派は「〝外縁中国〟の存在に現実感を欠いていた」という(「孫中山与辛亥革命時期的〝五族共和〟論」)。とすれば、「華夷之辨」は中国の一つの伝統的概念であっても、国民国家が競いあう新時代にあっては、現実離れした時代遅れの主張ということになろうか。たしかに次にみるように、辛亥革命が成功すると、たちまち中華民国建設の主流を占めたのは、「華夷之辨」ではなく、「大一統」的な「五族共和」論であった。

（二）「五族共和」の登場

辛亥革命勃発後、孫文の帰国はあまりにも遅すぎた。すでに新しい中華民国のあり様は、すべて固まっていたのである。さすがの孫文ですら、わずか数日で路線を変更することはできなかった。

孫文の大きな誤算は次の点にあった。

①孫文が指導する中国同盟会の革命綱領である「三序」構想では、「軍法の治」「約法の治」「憲法の治」（のちに「軍政」「訓政」「憲政」と改称）を段階的にへる予定であった。これは、革命の成功後にまず革命独裁的な軍政府を樹立し、次に政治改革を実現し、最後に立憲議会制を実現するという段階的発展論である。しかし、孫文が帰国した時

点で、すでにアメリカ式の大統領制議会政治をただちに実現するプログラムが確定していた。

②「華夷之辨」による漢民族国家の建設を予定していたが、それに反して「各省都督府代表連合会」では、「大一統」の多民族国家構想が確定していた。

帰国直後の孫文は、中華民国の初代臨時大総統に選出されたが、孫文にとっては心地よいものではなかった。自分の意思とは違った国家建設に従事しなければならなかったからである。こうして、意に反した「五族共和」のスローガンが誕生した。

一九一二年一月一日、南京で中華民国の発足が宣言された。

孫文は中華民国の発足にあたって、臨時大総統の名義で建国宣言を発した。

国家の本源は人民にある。（中略）漢、満、モンゴル、回、チベットの諸族を合わせて一体となす。これを民族の統一という。

（「臨時大総統宣言」）

そして南京臨時政府のもとで参議院によって作成された「中華民国臨時約法」（一九一二年三月十一日）には次のように記された。

第一条　中華民国は中華人民がこれを組織する。

第二条　中華民国の主権は国民全体に属する。
第三条　中華民国の領土は、二十二の行省と内外のモンゴル、チベット、青海とする。
第五条　中華民国人民は一律平等にして、種族、階級、宗教の区別はない。

これらの総体が「五族共和」体制である。もちろん「五族」とは漢民族、満州民族、モンゴル民族、回民族、チベット民族をさす。しかし、必ずしもこの五つの民族に限定するものではなく、すべての少数民族を含めるという意味が込められており、漢民族とそれ以外の比較的大きな代表的民族をあげているにすぎない。いまでいえば「多民族共和」というところである。

これは「大一統」の再現である。とはいえ新しい要素がないわけではない。これは二十世紀の革命であり、そこには民主革命という要素が新たに加わっているからだ。いわゆる諸民族の平等がそれである。不平等な「大一統」から平等志向の「大一統」への変容である。本来、「大一統」は文明的優越論に立脚した民族間不平等を前提とした「民族優劣差別主義」からなっていた。したがって少数の野蛮な満州民族が、多数の優秀な漢民族を支配することは不正義であると映った。だから不正義な満州民族支配を打破することは、近代的な平等革命の任をも負うものとして理解されていた。旧来の「大一統」では、多数の優秀な漢民族が、少数の野蛮な夷狄民族を支配することとなるのであり、伝統的にはそれが「正常」であって、不平等とは意識されていなかった。ところが、さすがに二十世紀の革命である以上、漢民族がほかの少数民族を支配するという旧来の「大一統」を露骨に唱えるわけにはいかない。

そこで登場したのが、平等な民族関係によって成立する「五族共和」論である。いいかえれば「五族平等共和」である。だが、「華夷之辨」で光復革命を主張してきた革命派にとっては、納得がいかない折衷的概念であった。

孫文はあきらかに「五族共和」に不満であった。だが寄合い所帯の連合政権である南京臨時政府を維持していくには、不満であっても「五族共和」を主張せざるをえない。

たとえば中華民国の新国旗の問題がある。武昌起義でかかげられたのは、漢民族革命を意味する「十八星旗」であった。新政権では、当然ながら受け入れられない。また、孫文派の革命は「青天白日旗」がシンボルであった。しかし、「五族共和」の観点から「五色旗」が国旗にふさわしいものとして推薦された。

「五色旗」は、すでに革命途上で提案されていた。

五族共和の意義を受けて五色を国旗と決定する。紅、黄、藍、白、黒は漢、満、モンゴル、回、チベットを象徴する。（「上海江蘇省教育総会決議」一九一一年十二月四日）

武昌起義直後の湖北諮議局での決議を受けたものであろう。そして南京臨時政府の誕生後、参議院は「五色旗」を国旗とすることを決議した。それにたいして、孫文はすんなりと受け入れることができなかった。

五色旗を国旗とする貴会の議決を送られたが、本総統はこの問題について、いまだ公布していない。現在、民国各省が用いている旗は大きくは三種類に分けられる。武漢首義では内外十八省を彩ったマークを用いた。江蘇、浙江では五色のマークを用いている。いまどちらかを採用すれば、どちらかを廃止しなければならない。どちらが最適であるか、決定的な理由はなく、さりとて折衷もできない。ゆえに本総統はこの段階で決め難い。満虜が滅びて、民選国会が成立後に、国民の選択に付したい。決定するとしても、五色旗が最善であるとはいい難い。（中略）

武漢の旗はこれを以って全国最初の起義をおこなった。江蘇、浙江の旗は、これを以って南京を解放した。また天白の旗（青天白日旗）は、漢族のために共和党人が南方の起義で用いて十余年たつ。（中略）義からいえば、武漢に大きな意義がある。青天白日は美しく、（中略）自由平等の義を照らしている。

（「大総統復参議会論国旗函」一九一二年一月十二日）

どうやら「五族共和」のシンボルである「五色旗」には難色を示しているようである。正式な国民投票による国会が成立したあとに、国会で正式に決めればいいと、自己決定を避けている。

この時期、「五族共和」は国是となったが、孫文は個人的には、依然として漢民族中心の観点をいだき続けていた。その思いは、あちこちにこぼれ落ちている。中華民国発足の前々日に出された意見書には、依然として辛亥革命が漢民族復興の革命であることを誇らしげに主張している。

昔、朱明（朱元璋《しゅげんしょう》の明）が開いた道が滅びず、太平の師（洪秀全の太平天国軍）が敗北していなければ、いま猶、漢家の天下である。

（「中国同盟会意見書」一九一一年十二月三十日）

元日の「臨時大総統宣言」と一緒に発せられた軍人にたいする訓令では、次のように漢民族革命であったことを再確認している。

わが黄（黄帝の末裔《まつえい》という意味。「皇」とする資料もある）漢民族の精神は発揚流布し

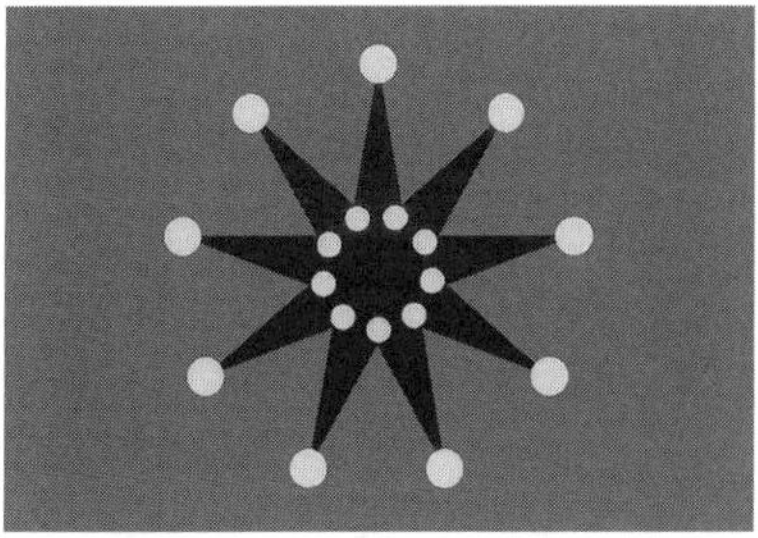

十八星旗

五色旗（上より紅、黄、藍、白、黒）

青天白日旗

てきわまりない。

（「通告海陸軍将士文」一九一二年一月一日）

こうした輻輳《ふくそう》する対応に一貫した方針はみいだせない。これまでは漢民族の光復革命を目指していたが、これからは排満種族主義を棄てて「五族共和」政策を実行しますという意味合いであろうか。

この時期、孫文は民族平等な「五族共和」の正統性をたびたび語っている。しかし何か奥歯に物が挟まったようないい方である。

一九一二年九月、北京で「五族共和」を次のように語っている。

昨年のわが国の革命は種族革命であり、同時に政治革命であった。なぜそのようにいえるか。漢、満、モンゴル、回、チベットの五つの大きな族のなかで、満族が優越的地位を独占し、無上の権力を握ってその他の四族を圧制した。満州が主人となり、そのほかの四族はみなが奴隷であった。こうして種族の不平等は極限に達した。種族が不平等であれば、自然と政治も平等を実現できない。だから革命したのだ。

（「在北京五族共和合進会与西北協進会演説」一九一二年九月三日）

翌年、日本の神戸で華僑にむかって語っている。

以前の天下は満州一家の天下であった。漢人は満人の専制、圧制を受けて、わが同胞は奴隷となり、二百六十余年も亡国の民であった。今日の国家は四億の五族公共の国家となった。（「在神戸華僑歓迎会的演説」一九一三年三月十三日）

「五族共和」を語りながらも、辛亥革命が漢民族の革命であったことにまだこだわっている。不満が募った心情をポロリと披露しているのであろう。

（三）「五族共和」の否定と「中華民族」概念の登場

中華民国が誕生したあとも、孫文は激動のドラマを潜り抜けた。わずか三カ月で、中華民国臨時大総統の座を袁世凱に譲った。初の国会選挙で、孫文らの国民党は勝利しながら、指導者の一人である宋教仁が暗殺され、ついには袁世凱政権打倒の第二革命を起こし、軍事的に敗北して日本に亡命した。そこで新たに中華革命党を結成して、ふたたび革命闘争を開始した。

ということは、辛亥革命から臨時大総統となった南京臨時政府にかけて、一緒に仕事をしなければならなかった旧官僚や旧立憲派の人々と関係を断つことができたのである。そうしたしがらみがなくなった孫文は、「五族共和」を批判するようになった。

その理由と状況を次のように述べている。

無知で妄想にとらわれていたものが、革命が成功するとその初めに漢、満、モンゴル、回、チベットの「五族共和」の説を創設し、官僚もまたこれに付和した。これによって清朝の一品武官の五色旗がわが中華民国の国旗となった。五色とは、漢、満、モンゴル、回、チベットを代表するものである。革命党の人々も深く考えずに、わが共和革命の最初の犠牲者である陸皓東《りくこうとう》先生が定めた中華民国の青天白日国旗を棄てて、四分五裂の官僚旗を採用してしまった。（「三民主義」一九一九年）

（中国は）領土が広く、人民も多いにもかかわらず、半独立国にしかすぎない。なぜだろう。それはわが党が誤っていたからである。光復のあと、世襲の官僚、頑固な旧党、復活した宗社党などが声を合わせて「五族共和」を叫んだ。根本的な錯誤はここにある。（「在中国国民党本部特設駐粤辦事処的演説」一九二一年三月六日）

「五族共和」は、もとより孫文自らの主張ではなかったことを強調したのだ。「世襲の官僚、頑固な旧党、復活した宗社党など」がでっちあげた説だという。では、「五族共和」のどこが間違っていたのか。この時の孫文は、旧来の「華夷之辨」で「五族共和」を批判するわけではない。

もともと孫文は革命派ではあったが、厳密な「華夷之辨」派に比べれば、満州民族の扱いにかなり寛容であり、漢民族に従うのであれば、その存在を容認していた。孫文が嫌悪したのは、いわゆる「五族平等共和」である。五族が平等に、すなわち多数民族の漢民族と、少数民族が、平等に肩を並べるという「五族共和」に耐えられなかったのである。

孫文は政権を去ると、徐々に民族的蔑視観を復活させた。夷狄概念と同じように、周辺の異民族をふたたび遅れた自立できない民族であるとみなし、それを漢民族に「同化」(すなわち実質的な「漢化」である)させることで、並列的な連合ではなく、漢民族の中華が「自衛能力をもたない」夷狄を救済するという垂直的な主従関係に組み込もうとした。

五族の人数をいえば、チベット人は四、五百万にすぎない。モンゴル人は百万に満たない。満人はただ数百万だ。回族は多いが、そのほとんどは漢人だ。それらの地勢をいえば、満州は日本人の勢力のもとにあり、モンゴルはロシアの勢力範囲に組み込まれ、チベットはイギリスの懐におさまった。彼らはすべて自衛能力をもっていない。わが漢族が彼らを助けなければだめだ。漢族は四億であり、これ以上かもしれないが、真の独立した完全な漢族の国家を創りえていないことが、じつは漢族の最大の恥である。だから本党の民族主義が成功していない。だから本党はなお民族主義で功績を上げるべきであって、そのためには満、モンゴル、回、チベットをわが漢族に同化させ、一大民族主義国家としなければならない。（中略）今日、民族主義を語るのであれば、五族を一緒に語ることはできない。漢族の民族主義を語るべきである。（中略）漢族を中心にして、これらをわれわれに同化させ、（中略）漢族を中華民族に改め、完全な民族国家を組織する。（同前）

漢族はその血統、歴史と自己中心的な名称を犠牲にすべきであり、満、モンゴル、回、チベットの人々と誠実につきあい、お互いに溶けあって一つとなり、中華民族の新主義を生みださなければならない。（「三民主義」一九一九年）

いま、満族は去ったといえど、中華民国の国家はなお半独立国を免れない。いわゆる「五族共和」はまさに人をだます言葉だ！　思うに、チベット、モンゴル、回、満の民族はみな自衛能力をもたない。大民族主義をいっそう発揮して、チベット、モンゴル、回、満の民族をわが漢民族に同化させ、最大の民族国家を建設することは、漢人の自決いかんにかかっている。(「在桂林対滇贛粤《てんかんえつ》軍的演説」一九二一年十二月十日)

「五族共和」は詭弁《きべん》だ、といって、正式に「五族共和」を投げ棄てた。そして代わりに漢民族への「同化」説を打ちだしたのである。孫文はそれまでの「華夷之辨」から一歩踏みだした。「自衛能力をもっていない」弱小民族を排斥するのではなく、それを優秀な漢民族のもとに「同化」させることで、「五族共和」ではなく、「中華民族」の形成を実現すべきであるという。「民族優劣差別主義」のあらわれである。

同化政策は単に、チベット、モンゴル、回、満の民族の劣っている自衛能力、文化、経済的能力を高めて、漢民族のレベルに引きあげるというものではない。「同化」とは、そうした辺疆の異民族地域へ漢民族を送り込む殖民政策を意味していた。

孫文は一九一九年から実業計画を盛り込んだ「建国方略」を発表し始めた。そこで「モンゴル、新疆への殖民」を主張した。中国の実業振興を謳《うた》い文句に、孫文はモンゴル、新疆への鉄道網の整備計画を立案した。それを実現して、そうした地域へ、積極的に漢民族を移住させようとしたのである。もちろん名目は、モンゴル、新疆の制覇ではない。こうした辺疆には多くの鉱物資源が眠っているので、その産業開発を目的とし、それが「国民の需要」にこたえる道であるとされた。

　モンゴル、新疆への殖民は、鉄道計画を補助するものである。（中略）移民の数は一千万とし、人口が多い省から西北地域へ移し、自然の富源を開発すれば、商業活動の利益があまねく広がっていく。（「建国方略之二　実業計画〈物質建設〉」一九一九年）

実業振興の名目で、人口が少ない辺疆地へ漢民族の移民を進め、そこを「漢化」するという構想である。現実に、漢民族の人口爆発が進むと、モンゴル族やチベット族が住む領域へ漢民族が移住した。現在、内モンゴル自治区は、漢民族が最大の人口比を占め、モンゴル民族は少数派に転落している。

　孫文は「同化」政策を正当化するために、「中華民族」という新概念を提出した。漢民族と、漢民族に「同化」した少数民族を総称して、「中華民族」と呼ぼうという新提案である。そして「漢民族」という名称をなくして、すべてが融合した一つの民族概念である「中華民族」を名乗ろうというのだ。ある意味、「華夷之辨」と「大一統」の折衷案である。

優秀な漢民族と無能な他民族とを峻別しながら、ここでは排斥するのではなく、その無能な他民族の主体性を否定し、それを解体しながら、漢民族のもとに「同化」させ、最後は「四海皆兄弟」的な「中華民族」による「大一統」をめざすからである。いいかえれば、実質的な「大漢民族主義」である。

いかにも孫文らしい発想である。彼の思想は一貫して愚民観で構成されていた。人間を「先知先覚」「後知後覚」「不知不覚」に分類し、「先知先覚」の有能な「賢人」と、「不知不覚」の無能な「愚民」とに分け、すべての政治的権利を有能な「賢人」に委任することを理想としていた。それが国民党独裁の訓政である。同じように、「自衛能力をもっていない」無能な夷狄民族と有能な漢民族を分け、夷狄民族を有能な漢民族に同化=漢化させることによって、漢民族が天下を掌握することが理想国家の実現であった。それは実質的に「漢民族の天下」であったが、そうした露骨な表現を避けて、「同化」という微妙な表現（この表現自体が弱小民族の主体性を損なうものであるが）によって「中華民族」という新概念を作りだし、新たな「大一統」的世界を生みだそうとしたのである。

その背景には、外モンゴルの独立、チベットの独立志向という現実を前に、中華帝国的性格が瓦解する危機に見舞われているという意識も大きく作用しているのかもしれない。

(四) 外モンゴルの独立とチベット

中華世界の辺疆民族のうち、独自な歴史と文化をもつ代表的民族はモンゴル民族とチベット民族である。大英雄チンギス・ハーンを輩出したモンゴル民族はモンゴル帝国を樹立し、中国に元朝を開いた遊牧民族である。チベット民族は活仏ダライ・ラマのもとで独自のチベット仏教、チベット文化を生みだした高原民族である。両民族はともにチベット仏教を信仰する点で、共通したところがあった。

しかし清朝時代は、満州王朝のもとで中華帝国の版図に組み込まれ、モンゴル、青海、新疆、チベットは「藩部」として理藩院が統率した。この「藩部」には、北京から将軍、都統、大臣等が派遣され、諸民族の監視にあたった。夷狄の満州族が、同じく夷狄のモンゴルやチベットを支配していたのである。

辛亥革命で清朝支配が瓦解すると、こうした辺疆民族は、満州支配からの独立を志向した。独立が漢民族にとって光復革命であるとすれば、モンゴルやチベットにとっても独立は光復革命である。だがこうした光復革命が次々と続けば、「大一統」としての中華帝国はバラバラとなって、帝国崩壊の危機を迎える。

辛亥革命は二十世紀の民族革命であり、世界的潮流としての国民国家の建設をめざす革命でもあった。多民族を内包した旧帝国を、近代的な国民国家として統一再編するのか、それとも中華帝国を解体して、組み込まれていた民族ごとにわかれて国民国家を建国するのか。二つの選択に迫られていた。

革命派が主張するような「華夷之辨」を突き詰めれば、漢民族が満州民族から独立して中華を回復するように、満州王朝に支配されていた夷狄もまた、満州民族から独立し、独自の国家を建設することが許されることとなる。

辛亥革命の勃発は、モンゴルやチベットにとっても、光復革命による独立のチャンスである。そして現実に独立宣言が発せられた。

モンゴルでは、一九一一年十二月二十九日、ハルハの王公たちが、モンゴルの活仏ジェプツンダンバ八世（チベット人）を元首にいただいて、清朝から独立した。清朝から派遣されていた庫倫《クールン》（現ウランバートル）辦事大臣の三多《サンド》は逃亡し、こうしてボグド・ハーン（皇帝）制モンゴル国が誕生した。

モンゴル研究者の中見立夫は、「（独立は）モンゴル側にとって、大清帝国とは『中華帝国』ではなくて、とりもなおさず満洲皇帝の支配体制であり、また清朝との関係は満洲皇帝との関係でのみ理解していたことを示すものである。もともと、モンゴル人のあいだには、『中国』という観念はまったくなかった。それゆえに、『中華帝国』としての再編の動きに抵抗し、清朝がなくなると、さっそく独立の途を模索したのだった」（「モンゴルの独立と国際関係」）と指摘する。

独立を宣言したモンゴルであるが、独力で独立を維持することは困難であり、帝政ロシアに支援を求めた。モンゴルは内外含めた全モンゴルの独立を志向したが、内モンゴルの権益をもつ日本との密約から、ロシアは外モンゴルだけの独立にとどめようとした。そればかりか、ロシアはモンゴル問題が国際紛争になることを憂慮し、モンゴルを緩衝地帯にとどめたかった。そして一九一二年十一月三日の「ロシア・モンゴル協約」で、独立宣言を自治宣言に格下げさせた。

一、ロシア政府は、モンゴルがすでに成立させている自治秩序を保持し、モンゴルの国民軍を訓練し、中国軍隊がモンゴル辺境に入ることや華人がモンゴルの地に移殖することを許さない権利を守る。

二、モンゴル王、およびモンゴル政府は、ロシア人民およびロシアの商業活動が以前にモンゴル領内で享受していた権利を認める。

（「俄蒙協約」）

モンゴル独立宣言のとき、中華民国臨時大総統の孫文は、旧版図による中華民国建設を志向しており、「五族共和」の建前から、モンゴル各王公に対して通電している。

漢民族とモンゴル民族はもともと同種に属する。人権は天賦のものであり、団結して共に幸福を実現しよう。（中略）ロシア人は野心満々で、機をうかがっている。モンゴル情勢はきわめて危機にある。

（「致貢桑諾爾布等蒙古各王公電」一九一二年一月二十八日）

また孫文は「ロシア・モンゴル協約」についても袁世凱や参議院に反対の意思を伝えた。

政府が「ロシア・モンゴル協約」を否認するように助けなければならない。これは民国存亡に関わるものである。

（「民立報」一九一二年十一月二十四日）

だが、辛亥革命で混乱する中華民国政府は、ロシアの影響力のもとにあるモンゴル情勢をコントロールできなかった。国際的認知を受けた袁世凱政権は一九一三年十一月、「中国・ロシア声明」に調印した。

一、ロシアは、外モンゴルにおける中国の宗主権を承認する。

二、中国は外モンゴルの自治権を承認する。（「中俄声明」一九一三年十一月五日）

ロシアは外モンゴルにおける中華民国の宗主権を認めたが、中国も外モンゴルの自治を認めた。完全な独立は阻止できたが、ロシアがモンゴルの自治を保障し、その軍隊を訓練することになった。ロシアはモンゴルの保護国化に成功したのである。独立を認められなかったモンゴルは抵抗したが、九カ月にわたって難航した協議（キャフタ会議）の結果、一九一五年六月に「中国・ロシア・モンゴル協約」が締結された。

外モンゴルは中国の宗主権を承認する。中国とロシアの両国は、外モンゴルの自治と中国領土の一部であることを承認する。（「中俄蒙協約」一九一五年六月七日）

ところが一九一七年にロシア革命が発生すると、情勢は一変した。帝政ロシアの支援を失ったモンゴルのウランバートルに、一九一九年十一月、段祺瑞《だんきずい》配下の徐樹錚《じょじゅそう》軍が進軍し、二十二日、中華民国大総統令をもって、モンゴルの自治撤廃と「中国・ロシア・モンゴル協約」の破棄が宣言された。

しかし革命ロシアの支援で、モンゴル人民党が誕生し、モンゴル義勇軍はソビエト赤軍の協力を得て一九二一年七月にウランバートルに入って中国軍を駆逐し、新政府を樹立した。こうして一九二四年十一月にはモンゴル人民共和国が成立し、外モンゴルは念願の完全独立を達成した。しかし、それはソ連の衛星国としての新たな運命のはじまりであった。

モンゴルでは「大一統」の一角が崩れたが、チベットの独立は、それほど順調ではなく、頓挫《とんざ》におわる。

イギリスはインドを制圧したあと、その矛先をチベットにむけ、一八八八年の「第一次武装侵略」以降、チベットでの権益確保に奔走する。一九〇四年春、イギリス軍はふたたびチベットへ進軍し、八月にはラサを制圧した。第二次侵略である。このためダライ・ラマ十三世は青海へ脱出し、九月七日には「イギリス・チベット条約（ラサ条約）」が結ばれた。一九〇八年にイギリス軍が撤退し、翌年、ダライ・ラマはラサに戻った。

今度は辛亥革命の前年、清朝が趙爾豊《ちょうじほう》軍をチベットに進軍させ、ダライ・ラマを廃位した。ダライ・ラマはブータン経由でインドに亡命する。チベット側からいえば、「一九一〇年の侵略」である。チベットはイギリスに侵略され、中国に侵略され、そのつど、ダライ・ラマは亡命を余儀なくされるという事態が発生した。大国の思惑に翻弄《ほんろう》される小国の悲劇を繰り返していたのだ。

辛亥革命が勃発すると、チベットは騒乱状態になった。まず立ちあがったのが、チベット駐屯の四川兵士のうち、満州族王朝の支配に抵抗してきた秘密結社（会党）の一つである哥老会《かろうかい》メンバーの兵士たちである。次いでチベット軍によって清朝駐屯軍が撃破された。

中華民国が誕生すると、袁世凱臨時大総統は、過去の清朝支配がチベットやモンゴルに対する「圧政」であったことを認め、次のように訴えた。

現在、政治体制は改革され、五大民族の共和で、ひとしく平等となった。本大総統は固い決意で誓約する。すべての古い悪弊を革命し、モンゴル、チベット地方において、民衆の気持ちを思いやり治安を守っていく。

（「勧諭蒙蔵令」一九一二年三月二十五日）

「五族共和」の立場から、チベットを中華民族の領域にとどめようとしている。そしてチベットの行政官として西蔵辦事長官を任命した。また四川都督や雲南都督がチベット「叛乱」の掃討軍を派遣した。このため、イギリスは掃討軍がチベットに入ることを危惧した。だからこのとき、「イギリスはインドにとどまっていたダライ・ラマ十三世を利用し、チベット上層部の反動分子を積極的に策動し、『チベット独立』の分裂活動を作りだした」（周偉洲主編『英国俄国与中国西蔵』）とされる。

イギリスの策動にかつぎだされたという解釈は、中国の立場からなされるものであるが、ダライ・ラマは一九一二年六月に、亡命先のインドからチベットのラサに戻った。そしてチベットの「独立」を宣言した。

清朝は倒れた。これに元気づけられたチベット人は中央チベットより中国人を駆逐した。私もダライ・ラマとして正当の権利を有するこの聖国チベットに無事に帰還し、現在東チベットのド・カムより中国人残留兵を一掃しつつある。今や、「施主とラマ」関係を口実にチベットを植民地化しようとする中国人の企みは空の虹の如く消滅しつつある。（シャカッパ『チベット政治史』）

これをみるかぎり、「皇帝（満州民族）と臣下（漢民族）」関係を拒否する「華夷之辦」に近い民族感情がうかがえる。「施主（漢民族）とラマ（チベット民族）」関係を清算するチベット版「華蔵之辦」である。

だがモンゴルと同じく、チベット一国で中国の軍事攻勢に耐えることはできない。結局、チベットと中国に多大な権益を有するイギリスの介入に頼らざるをえなかった。こうして一九一三年十月からインド・シムラでチベット問題をめぐるチベット、中国、イギリスの三者会議が始まった。三国の思惑が衝突して、この会議は紛糾した。チベットの要求は次のとおりである（以下の交渉過程は劉彦『中国近時外交史』による）。

中国はチベットの自主を承認してチベットに兵を進めない。

チベットのすべての内政外交は、今後は中国の干渉を受けない。

中国の要求は、これとは異なっていた。

チベットの行政は、中国駐チベット辦事官を通してこれを管理する。

イギリスはチベットの自治権とチベットへの駐兵権を主張した。

中国はチベットの完全自治権を承認し、省とはしない。

中国はラサの辦事官と護衛兵以外は、チベットに軍隊を駐屯させない。チベットの内政は、しばらくはインド政府が監督し、イギリスはラサに兵を駐屯させることができる。

相互の主張にはかなりの差があった。交渉の過程で中国は、チベットをモンゴルのように外チベットと内チベットに区分し、外チベットの自主権については譲歩した。内チベットは中国の管理下に置くというものだ。

中国とイギリスの政府は、チベットが中国の宗主権のもとに属することを承認する。外チベットは自主権を有することを承認する。（中略）外チベットの内政は、ラマ政府が管理する。中国とイギリス政府は均しく干渉しない。チベットを省にしない。チベットは中国議会や類似の団体に代表を出さない。イギリス政府はチベットのいかなる部分も併合しない。中国政府は、イギリスがチベットに特別の利益があることを承認する。

最終的に中国代表がインド・シムラで調印したのは、チベットも承認したイギリスの修正案であった。

一、締約国はチベットを中国の一部と承認する。

二、ダライ・ラマが選挙で選ばれたあと、チベット政府は中国政府に上申し、中国政府はダライ・ラマとして封じる。中国の駐ラサ長官がこれを正式に授与する。

三、外チベットの官吏はチベット政府が派遣する。

中国に顔を立てながら、実質的には独立を実現しようとするものである。しかし、中国代表が北京政府に最終承認を求めたところ、北京政府は、この「インド・シムラ協定」の調印を認めなかった。こうして、交渉は中断する。しかしチベットとイギリスは、一九一四年七月、勝手に調印した。年が明けると、袁世凱政権は日本から突きつけられた「対華二十一箇条」の対応に悩まされることになり、チベットを「大一統」の中国に取り戻すことに集中できなくなった。

第四章　コミンテルン、共産党と国民党の確執

――民族自決と中華思想

晩年の孫文

一九二〇年代に入ると、中国では国民革命といわれる新たな性格をもった革命運動が登場した。辛亥革命と国民革命の違いは、異民族王朝の清朝を打倒する光復革命とは異なり、帝国主義列強の中国支配に反対する反帝革命であったことである。

その性格の違いは、革命を推進する主体の違いであった。辛亥革命を担った孫文ら革命派は中国国民党を組織して、引き続き国民革命の反帝国主義闘争を展開した。しかし、辛亥革命と決定的に異なったのは、一九一七年のロシア革命の影響を受けて、新たにマルクス主義が中国に流入し、中国共産党が組織され、共産党が反帝国主義闘争の一翼を担い始めたということである。新しい役者が登場したのだ。

当時、共産党革命は革命ロシア（ソ連）を中心とした共産主義世界センターであるコミンテルン（第三インターナショナル。中国語では「共産国際」と呼ばれた）が指導していた。当然ながら一九二一年に結成された中国共産党（陳独秀が指導）も、全面的にコミンテルンの指導下にあった。

旧《ふる》い国民党と新しい共産党では、その理念、綱領、そして階級基盤が異なっていた。孫文=国民党は北京を支配する軍閥政権に対抗するため、華南に地方政権を樹立していたが、孤立を恐れた孫文は、コミンテルン=ソ連と提携し、その援助で軍閥政権の打倒と、帝国主義列強排除の「民族、民主」革命を進めようとした。そのためにコミンテルン配下の中国共産党と手を結び、国民党と共産党の統一戦線（連合戦線）である、いわゆる「国共合作」を実現した。

コミンテルンは世界革命の観点から、中国革命（国民革命）を指導しようとした。すなわち社会主義革命を標榜《ひょうぼう》するコミンテルンは、それに反対する資本主義陣営の帝国主義列強と対峙《たいじ》する必要があり、帝国主義列強の中国支配に反対する孫文たちの民族革命を自らの陣営の一部として位置づけた。

孫文の民族主義とコミンテルンの民族主義とはかなりの違いがあったが、コミンテルンの援助を必要としていた孫文は、コミンテルンの民族概念に影響を受けざるをえなかった。だが当然ながら確執があった。辛亥革命を機に独立したモンゴルは、ロシア、そしてソ連の絶対的庇護《ひご》のもとで、その独立が維持されていた。中国とソ連は長い国境を接するが、そのほとんどが、東三省（満州）、モンゴル、新疆。従来の概念では藩部であり、かつての夷狄が闊歩《かっぽ》したところである。帝政ロシアが絶大な影響力をもってきたところでもある。孫文が提携先に選んだコミンテルンとは、そうした微妙な関係を内包していた。

（一）共産党の民族政策

西欧啓蒙主義者からマルクス主義者に変わった陳独秀が結成した中国共産党は、その初期にあってはよりマルクス主義に忠実であろうとした。帝国主義によって支配されてきた諸民族の解放を唱えるマルクス主義は、西欧帝国主義列強からの解放を説いた。したがって、それは漢民族の解放のみならず、中華に支配されてきた夷狄の解放、すなわち漢民族によって支配されてきた少数民族の解放を求めることも意味する。それは伝統的な「大一統」と矛盾し、孫文の唱える民族「同化」政策による「中華民族」の形成とも大きく異なっていた。まさに「国共合作」は、「同床異夢」であり、「呉越同舟」であった。

伝統的な「華夷之辨」とは大きく違っていたが、結果的には、中国は漢民族の国家であり、辺疆のチベット、モンゴル、新疆などの異民族地域は、それぞれ自民族の民族国家を形成する、すなわち民族自立、民族独立を容認する点で、「華夷之辨」の変形であった。

一九二二年七月の共産党第二次全国代表大会（二全大会）で採択した「宣言」では次のように謳った。

（三）統一された中国本部（東三省を含む）は、真の民主共和国とする。
（四）モンゴル、チベット、回疆（現在の新疆地区）の三つの部分は自治を実行し、民主自治邦とする。
（五）自由連邦制を採用し、統一された中国本部、モンゴル、チベット、回疆で、中華連邦共和国を建立する。　（「中国共産党第二次全国代表大会宣言」一九二二年七月）

一応、旧中華帝国の版図は「中華連邦共和国」として一つの連邦国家を形成するが、その連邦のあり方は「自由連邦制」である。「自由連邦制」では、モンゴル、チベット、回疆は自由意志によって連邦を構成するのであって、それは自由に参加できるし、自由に離脱できるという意味が、そこには盛り込まれていた、と読むことができる。

この点は、時代が下るが、江西省瑞金《ずいきん》に共産党によって建設された地方政権である「中華ソビエト共和国」が一九三一年十一月に制定した「中華ソビエト共和国憲法大綱」にも、はっきりとわかりやすく述べられている。

四、ソビエト政権の領域内の（中略）種族（漢、満、モンゴル、回、チベット、ミャオ、リーと、中国に住む台湾、高麗〈朝鮮〉、安南〈ベトナム〉人など）（中略）は、ソビエト法のもとでは一律平等である。

十四、中国ソビエト政権は、中国領域内の少数民族の民族自決権を承認する。さらに各弱小民族が中国から離脱して独立した国家を自ら成立させる権利を承認する。モンゴル、回、チベット、ミャオ、リー、高麗人など中国領域内に居住するものは、完全な自決権、すなわち中国ソビエト連邦に加入、あるいは離脱すること、あるいは自己の自治区域を建立する権利を有している。

（「中華蘇維埃共和国憲法大綱」一九三一年十一月七日）

ここでいう「自治」とは、現在の共産党が「自治区」で用いる自治概念ではなく、中国から独立する権利を有した「自治」である。この説明で、中国共産党がめざしていたものが十分にわかるであろう。これはあきらかに連邦制をしいていたソ連、すなわちソビエト社会主義共和国連邦を参考にしていた。中国との連邦国家に参加してもいいし、参加しなくてもいい、参加したあとに、イヤになれば離脱してもいいという、きわめてゆるやかな連邦制である。

一九二二年の共産党二全大会当時、共産党員はモスクワからマルクス主義理論を必死に学んでいた。共産党創設者の一人で、社会経済学者として著名な李達《りたつ》の回想によれば、二全大会では、ソ連からもち帰った英文タイプの宣伝文章を懸命に学び、国際情勢、国内情勢を議論したという。「自由連邦制」の考えもコミンテルンから学んだものであろう。

しかしモンゴル問題は深刻であった。モンゴルの独立は、後見国家であるソ連の利益にかなっていたからである。コミンテルンの支援で誕生した共産党も苦慮したであろう。当時の共産党は次のように述べている。

> 国家を組織する原則についていえば、およそ経済状況が異なり、民族の歴史が異なり、言語が異なる人民は、その多くが自由連邦制を採用することができる。（中国に）単一国家の政治制度を適用するには大変な困難がある。中国の政治的現実からみても、われわれは民族自覚の精神を尊重すべきだ。（中略）だからわれわれはモンゴルの独

立を消極的に承認すべきであるだけでなく、また彼らが王公および上級ラマの特権を打倒し、経済的、文化的基盤を創りあげ、モンゴル人民の真の独立を達成できる客観的可能性を積極的に支援すべきである。

（「中国共産党対於目前実際問題之計画」一九二三年）

モンゴルの独立を「消極的に承認」とあるところが、とても微妙である。また「モンゴル人民の真の独立」とは、支配階級の王公やラマ僧からの独立であるのか、それとも中国からの独立であるのか、あいまいである。しかし、二全大会でいう「モンゴル」とは、独立していない内モンゴルをさすことはあきらかである。外モンゴルは「自由連邦制」の対象外であったのだろう。もしソ連の意に反して外モンゴルが中国の「自由連邦」に参加したいと希望したとき、それはどうなるのであろうか。ソ連の圧倒的影響下にあった中国共産党は、そこまで踏み込んだ自由意志を表現できなかったに違いない。

ただ共産党指導者の陳独秀は、「新文化運動」時代に、伝統的権威からの「個人の独立」、「個性の確立」を唱えていたから、その延長として、弱い立場にある少数民族の「民族の独立」にあまり抵抗はなかったであろう。

(二) 孫文＝国民党の見解

孫文の権力基盤は不安定であった。第二革命に失敗して日本に亡命した孫文は、そこで中華革命党を組織して、あらためて軍閥打倒の革命運動を再開した。一九一七年八月、北京の北洋軍閥に反対する旧国会議員や西南軍閥が広東・広州に「護法政府」(第一次広東軍政府)を樹立した。孫文が大元帥として招かれ、地方政権といえども、孫文は五年ぶりに権力の座へ戻った。しかし翌年五月にはその座を追われる。その後、上海へ赴き再起をうかがっていたが、一九二〇年十月に、配下の陳炯明《ちんけいめい》軍が広州を奪還し、孫文はふたたび広州に戻った(第二次広東軍政府)。それも束の間、二二年六月、今度は陳炯明が叛乱を起こし、またまた孫文は上海へ退却した。翌年一月、陳炯明が敗れて、孫文は三度《みたび》、広州に戻った(第三次広東軍政府)。

この間、一九一九年、孫文は中華革命党を中国国民党へ改組し、一九二四年、生まれたばかりの中国共産党と国共合作を実現した。それはいうまでもなく、コミンテルン＝ソ連と提携する道を選択したからである。権力基盤が不安定な孫文は、つねに外国からの軍事的支援を求めており、新たに選択したパートナーが、コミンテルンであった。コミンテルンは帝国主義打倒の世界革命をめざし、中国にも反帝国主義の民族革命党を探しており、両者の思惑が合致したのだ。

しかし、コミンテルン、および中国共産党との提携は、マルクス主義的民族政策の影響を受けざるをえない。孫文の「大漢民族主義」と矛盾する。コミンテルンは、国民党支援の見返りとして、自らの民族政策を押しつけた。

一九二三年十一月、コミンテルン執行委員会は「中国民族解放運動と国民党問題に関する決議」を採択した。孫文にとって微妙な決議である。

> 中国民族運動は帝国主義の圧迫を受けている中国の各少数民族の革命運動と合作を進めている。国民党は中国領土内の各民族は一律平等であるという原則を宣布して、その意思を伝えなければならないが、中国の官吏によって長年にわたって圧迫を受けてきた少数民族は、国民党の宣言に懐疑的態度を示している。(中略)国民党は国内の各民族自決の原則で、外国帝国主義に反対することを公約しなければならない。本

国での封建主義と軍閥制度を打倒する中国革命が勝利したあと、この原則を、以前の中華帝国を構成していた各民族によって構成される自由な中華連邦共和国に実現させることができる。

（「共産国際執行委員会主席団関於中国民族解放運動和国民党問題的決議」一九二三年十一月二十八日）

ここでコミンテルンは、「自由な中華連邦共和国」構想を示している。一年前に中国共産党も二全大会で、自由連邦制を決議しているが、共産党の構想はあきらかにこのコミンテルンの意思を受けていたことがわかる。このコミンテルン指令にたいして、孫文＝国民党はどのような態度をとったであろうか。翌年一月に開かれた中国国民党第一次全国代表大会（一全大会）の大会宣言は次のように訴えている。

国民党は厳粛に宣言する。中国内部の各民族の自決権を承認する。帝国主義と軍閥に反対する革命が勝利したあとは、自由に統一された（各民族が自由に連合する）中華民国を組織する。

（「中国国民党第一次全国代表大会宣言」一九二四年一月二十三日）

コミンテルンの要求する「連邦共和国」という概念を排除して、「自由に統一された中華民国」にとどめている。ただし、中国語で表現すれば、国民党はわざわざ「自由統一的」のあとに、括弧で「各民族自由聯合的」という文言を加えている。この一文を読むかぎり、コミンテルンの要請を受けて、孫文は「各民族の自由な連合」を受け入れたように映る。しかし、コミンテルンのいう「各民族によって構成される自由な中華連邦共和国」と、「大会宣言」のいう「自由に統一された、各民族が自由に連合する中華民国」とには、違いがあるのか、ないのか。「統一」が重視されるのか、「自由」が重視されるのか。

そこにいたる説明では、次のようにいう。

辛亥革命のあと、満州専制はすでに消滅した。こうして国内の諸民族は平等な結合ができるようになった。国民党の民族主義が求めるものも、そこにあった。しかし不幸なことに中国の政府には専制の残余である軍閥が居座り、中国の旧い帝国主義が灰のなかから再燃してきた。こうして国内の諸民族は不安定な情勢に置かれ、少数民族は国民党の主張ですら、誠意がないと疑っている。ゆえに国民党は今後、民族主義の要求を貫き、国内の諸民族に了解をとりつけて、国民革命運動のなかには共通した利益があることをはっきりと示さなければならない。（同前）

「平等な結合」が強調され、それを阻害しているのが軍閥と帝国主義列強であると、責任を転嫁している。しかしここには肝腎な「自由な連合」は語られていない。とはいえ国内の諸民族に「了解」がとれなければ、統一された中華民国に参加しない自由も許されるという解釈が可能であるようにも映る。しかし孫文にそれほどの考えはなかったように思える。

なぜこのような疑問をいうかといえば、国民党の文献には、さまざまな概念が登場するからである。この一全大会で決議され、「総理（孫文）自らの起草」と付記された「国民政府建国大綱」では、「国内の弱小民族にたいしては政府が支援し、自治を自決できる」と、「自治の自決」という言葉が使われている。

ここでいう「弱小民族」と、「大会宣言」でいう「各民族」「諸民族」が同じものをさすのか、若干不明瞭《ふめいりょう》であるが、ここでは「自由な連合」という言葉を使わずに、「自治の自決」としている。コミンテルンのいう「自由な連合の連邦共和国」と「自治」では大きな違いがある。後述するように、孫文のいう「自治」は、統一された国家内部での自由にすぎない。孫文自身は、のちにいわれた「連ソ、容共」の立場から、コミンテルンの顔を立てながら「自由な連合」を「大会宣言」に盛り込んだが、本音の部分である「建国大綱」

では、それを「自治」という言葉にとじ込めたのであろう。

というのは、国民党一全大会と同じ時期に孫文が連続講演した「三民主義」の講話でも、第三章でみた一九二一年三月の演説と同じようなことを述べているからだ。孫文はあまり変わっていない。

> 中国の民族についていえば、総数は四億、そのなかには、ただ数百万のモンゴル人、百余万の満州人、数百万のチベット人、百数十万の回教徒のトルコ人が混じっているだけである。外来人の総数は一千万にすぎない。そこで、大多数についていえば、四億の中国人はまったく漢人であるといってよい。同一の血統、同一の言語文字、同一の宗教、同一の風俗慣習をもち、まったく一つの民族である。
>
> （「三民主義」一九二四年）

依然として各民族を自立した民族であるとみなす概念は薄い。大漢民族主義的な「中華民族」にとらわれている。

孫文のいう「自治」とは、じつはコミンテルンの「連邦国家」に反対する概念であった。このことは、コミンテルン＝ソ連の目付役であるミハイル・ボロディンと、孫文の側近である汪精衛《おうせいえい》とのやりとりでハッキリしている。ボロディンの回想によれば、一九二四年一月十五日に広州で「大会宣言」の草案についてボロディンと国民党幹部の胡漢民、廖仲愷《りょうちゅうがい》、汪精衛が協議したとき、意見が分かれたという。汪は孫文の意を受けて、次のように述べている。

孫先生の含意は、次の通りだ。中国とは中国内地だけでなく、チベット、モンゴル、その他の少数民族地区を含む中国所有の地区は、すべて単独の国家ではない。われわれが将来統一された共和国を組織するとき、これらの地区もその他の各省と同様な地位を占めることになる。なぜなら、われわれは各省に十分に広範な権利を与えることになるからだ。中国に必要なのは統一国家であって、連邦国家ではないというのが、彼の認識である。（黄修栄『共産国際与中国革命関係史』）

この答えにたいして、ボロディンは、チベットやモンゴルを独立国として連邦国家に参加させるのではなく、自治権をもったかたちで統一国家に参加させることは、こうした少数民族の不信を買うと心配している。

その三日後、ボロディンは共産党員のみが出席した会議で以下のように発言している。

最初の意見対立は次のとおりである。われわれは自由な中華民国の国内に少数民族の自決権を与えることに同意はした。しかし「統一された」あるいは「自由な」中華民国という提案は、連邦制に関するコミンテルンの提案とは、完全には符合しない。しかし国民党が少数民族の自決に同意したのであるから、私はあえてわれわれの提案に固執はしなかった。時間がたつにつれ、国民党はこの矛盾にはっきりと気づき、統一した、あるいは自由な中華民国の範囲内の自決は、語ることはできなくなるだろう。

（「鮑羅廷的報告」、「鮑羅廷的札記和通報」一九二四年二月十六日に収録）

ここには、中華民国が実質的に支配力を失っていた外モンゴルやチベットの存在が大きくのしかかっていた。外モンゴルは独立を宣言し、ロシア、次いでソ連の影響下で実質的な国家建設をおこなっていた。ソ連からすれば、独立したモンゴルを統一した中国に組み込まれるのは、当然ながら好ましくない。コミンテルンは、民族自決にとどまらず、連邦国家構想で、独立したモンゴルと中国の関係を位置づけようとしたのである。

このとき、共産党の毛沢東は、ボロディンにたいし、こう述べた。

当地の資本家やアメリカ、あるいはその他の国家はモンゴルとその他の地方を占領しようとしている。だから国民党はそこにどのような権力を与えるのか、そしてこれらの民族を中国の古い概念のなかに取り込むのではないと、はっきりと明示すべきだ。（同前）

これらの議論ではっきりしていることは、孫文が国民党一全大会の大会宣言に「自由に統一された（各民族が自由に連合する）中華民国」という文言を組み込んだのは、けっしてコミンテルンの意向を全面的に受け入れた結果ではなく、「連邦制」にたいして暗に拒否的回答をしたということだ。それに不満であったボロディンは、少数民族に自治権を与えるという一歩進んだ政策を国民党が承認したので、やむなく妥協したにすぎない。

ここでモンゴルに関する孫文＝国民党とコミンテルン＝ソ連の対立を紹介しよう。孫文は一九二三年秋、ソ連を訪問した蔣介石《しょうかいせき》を通して、河南省を中心とする中原を支配する軍閥・呉佩孚《ごはいふ》に対抗するため、モンゴルのウランバートルに近い国境地帯に国民党の軍隊を建軍し、そこから呉佩孚軍を攻撃するという計画を提案した。その計画遂行のため、ソ連に協力を求めた。それは、モンゴルを中国の領土の一部とみなす考えからきていることはあきらかである。

レフ・トロツキー

ところがソ連はモンゴル独立が侵されるとして拒否した。蔣介石と面会したレフ・トロツキーも、モンゴル独立を示唆した。それを聞いた蔣介石は烈火のごとく怒ったという。その情景を、通訳として立ち会った瞿秋白《くしゅうはく》が語っている。

会話がモンゴル問題になると、トロツキーはいった。モンゴルは独立を希望している。もしあなた方が、モンゴルと統一戦線を建立しようとするのであれば、兄弟としてみなすべきであって、モンゴルをコントロールしようとすべきではない、と。

この話しあいのあと、蔣介石は大変に怒った。トロツキーは蔣介石らをだましたといった。もしモンゴルが独立しようとするのであっても、われわれの承認が必要であり、われわれが独立を与えるのであって、自分勝手に独立を自己承認できるというものではない。

（「鮑羅廷同瞿秋白的談話記録」一九二三年十二月十六日）

ソ連からすれば、独立したモンゴルは中国と同等の「兄弟」であり、将来は中華連邦共和国の一部として参加することはありえても、単なる自治を与えられる地位には満足しなかったのである。しかしそれは中国の主権を侵す無礼な主張であると、蔣介石は憤慨したのだ。

国民党一全大会に出席したモンゴル代表に対し、孫文は微妙な歓迎の意を示している。

外モンゴルは民国以来、中国を離脱したが、内政は非常に公明である。陸軍でも多くの騎兵を鍛練している。だから彼らはいま、一個の独立国家である。（中略）このたび、（外モンゴル代表の）巴先生が広東に来た意味は、モンゴルが再び中国と連合して、一つの大中華民国を創りあげようとしていることだ。われわれは中華民国の大民族である。

（「歓宴国民党各省代表及蒙古代表的演説」一九二四年一月二十日）

独立国のモンゴルが連合した「大中華民国」は、コミンテルンのいう連邦制国家なのか、国民党のいう「自由に統一された中華民国」なのか。ボロディンとの確執から判断して、どうみても国民党はモンゴルが将来は独立を解消して、中華民国に戻ることを想定している。

松本ますみは次のように指摘している。〝自由な連合〟とは「継母にいじめられて家を出ていた子供が、愛情深い生みの親のもとに自然に戻るように、主権をもつ広州政府ひきいる正統なる中華民国に外蒙が戻ることをさしていた」(『中国民族政策の研究』)。的を射た解釈であろう。

第五章　蔣介石の国民政府の時代

——構造不変の中華帝国

蔣介石

孫文は一九二五年三月に死去したが、国民党は絶対的カリスマを失うことで、むしろ活力を発揮した。コミンテルン＝ソ連や中国共産党の支援によって、軍閥支配や帝国主義支配を打破する「反軍閥、反帝国主義」の民主、民族革命をかかげた「国民革命」が成功した。蔣介石総司令のもとで北伐戦争を発動した国民党の広東国民政府は、一九二八年六月に北京の軍閥政権を打倒することに成功し、念願の全国統一を達成した。

こうして南京に首都を遷《うつ》し、国民党一党独裁の南京国民政府を樹立した。しかし、国民革命の途中で、国民党と共産党の「国共合作」が崩壊した。中国とコミンテルンの関係も決裂した。共産党は山岳地帯に逃げ込んで、革命根拠地を建設し、国共内戦が勃発した。昨日の友は、今日の敵である。国民党内部でも権力を握った蔣介石に反発する権力闘争が激化し、時には蔣介石打倒の「反蔣戦争」が起こり、南京国民政府の権力基盤はけっして安定しなかった。加えて一九三一年には日本軍の東北侵略である「満州事変」が勃発し、ついには「満州国」が成立して、かつては満州民族のホームグラウンドであった万里長城以北の東三省が切り離された。

西域のチベットはイギリスに、西北のモンゴルはソ連に、東北の満州は日本にと、「大一統」の夢はずたずたに切り裂かれた。しかしコミンテルンのもとでの「自治」か「連邦」か、という悩ましい調整から、国民党は解放された。日本が本格的に中国侵略を開始すると、反帝国主義の主要な敵は、かつてのイギリスから日本へ代わった。政権を握った蔣介石は、近代的な産業国家への転換で、欧米ならびに日本へ対抗できる近代的な「国民国家」建設をめざした。西欧的な「国民国家」構想を、伝統的な「大一統」の枠組みで達成しようとしたのである。「華夷之辨」でいう夷狄は、蔣介石にとっては海の向こうの東夷・日本であった。満州侵略は、憎むべき倭寇《わこう》の再来と映った。東北から日本を、西北からソ連を、西域からイギリスを排斥することが、「国民国家」としての「大一統」を回復することにほかならず、それを民族主義という言葉の意味内容とした。

日本は「華夷之辨」を逆利用して、中国から切り離された満州民族の独立を支援するという名目で、廃帝・溥儀《ふぎ》をかつぎだして満州国を建国した。かつて「華夷之辨」で辛亥革命を闘った革命派の流れを汲《く》む国民党であったが、日本の侵略に直面することで、むしろ

「大一統」による国民団結を訴えるようになった。その強力な武器が、中華と夷狄を坩堝《るつぼ》のごとく溶け込ませようとした「中華民族」概念であった。

「国民革命」でいう「国民」とはあいまいな概念である。国民＝民族とみなして、多民族をたばねる「中華民族」概念が利用された。中国では「国民」の圧倒的多くは漢民族であるから、漢民族からみれば、そうした定義は何も矛盾はない。新たな夷狄である日本の侵略に対抗するため、「中華民族」の団結が叫ばれた。内にあっては「中華民族」による「大一統」を求めながら、同時に外にあっては「華夷之辨」で東夷・日本に対抗する民族主義をかきたてたのである。

辛亥革命では「排満」が推進エネルギーであったように、抗日建国運動では、「反日」「抗日」が推進エネルギーであった。蔣介石は当初、「安内攘外《あんないじょうがい》」（先に国内を安定させ、のちに外国の勢力に対抗する）政策で、まずは分裂しがちな国内の統一をめざした。強力な「国民国家」を建設するための国民団結である。強力な近代的国民国家が完成したあとに、東夷・日本に対抗する「中華民族」による団結、つまり「大一統」を構想していたのである。

しかし、日本という夷狄に領土を奪われ、軍靴に蹂躙された日本憎しの庶民感情は容易に民族感情に転化され、多くの民衆は蔣介石の思惑を超えて、一気に「倭寇」打倒の抗日戦争へとむかった。

（一）蔣介石の登場

孫文の死後に開催された一九二六年一月の国民党第二次全国代表大会（二全大会）は、一全大会とは少し様相が違ってきた。国内の民族政策に関する項目が忽然《こつぜん》と消えてしまった。一全大会の「大会宣言」では、各民族の自決権や「自由な連合」が謳われ、「建国大綱」では弱小民族の自決・自治が明記された。ところが二全大会「大会宣言」には、自治権、自決権のジの字も出ない。一般的な民族革命運動が語られるだけである。

民族革命運動は、かならず狭隘な国家主義を排さなければならない。この狭隘な国家主義は、つねに帝国主義の誘いによるものだ。（中略）だからすべての被抑圧民族は互いに、相手もこちらを平等に扱い、こちらも相手を平等に扱うことを要求する。

そうすれば、世界でこちらを平等に扱う民族と連合して共同して奮闘できる。
（「中国国民党第二次全国代表大会宣言」一九二六年一月十三日）

たったこれだけである。国内の少数民族との関係は、触れられていないようにみえる。

しかし、「狭隘な国家主義」という新しい言葉が盛り込まれているところに注目すべきだ。これはなんなのか。国内の民族のなかには、帝国主義列強の誘いに乗って、中国から独立して国家を建設しようという「狭隘な国家主義」があると、読むことができよう。

そのような動きをする民族に、自治権を与えることはできないという脅しであろうか。松本ますみ（前出）の研究では、内モンゴル人民革命党が内モンゴル自治政府樹立要求をおこなっていたことへの対応であったという。

ただ軍閥打倒の革命戦争が最重要課題であったこの時期、少数民族にまで目を配る余裕がなかったのであろう。一九二七年四月十二日の反共クーデターで国共合作を投げ捨てた蔣介石は、共産党に近かった汪精衛ら国民党左派と対立を深めながらも、国民革命軍をバックに国民党の主流派として全国的権力を握った。蔣介石の時代の始まりである。

一九二九年三月、国民党第三次全国代表大会（三全大会）が開かれた。「大会宣言」では触れられなかったが、政治報告の決議案で、わざわざ「モンゴル、チベットと新疆」が一項目として盛り込まれた。

（モンゴル、チベット、新疆は）歴史的にも、地理的にも、国民経済的にも、もとより中華民族の一部である。そしてすべてが帝国主義の圧迫を受けている。（中略）中国領内の民族は、互いに親愛の関係で、三民主義のもと一致団結し、外来帝国主義の目的を完全に排除するという共通した唯一の道を歩まなければならない。

（「対於政治報告之決議案」一九二九年三月二十七日）

中国も辺疆民族も、ともに帝国主義列強に苦しめられている同類であるということで、その運命共同体的意識を植えつけようとしている。ここでは中国と辺疆民族との不信、矛盾関係はまったく無視されている。そして皆は共通した「国族」であるという。

民族主義は、漢、満、モンゴル、回、チベット人民が親密に団結し、一つの強固で有力な国族になって、国際的に平等な地位を争うようになることを求めている。

（同前）

新たに「国族」という言葉が登場した。国家と民族とを合体させたような造語であるが、もともとは孫文が使った言葉である。孫文はいう。

民族主義とは国族主義である。中国人がもっとも崇拝するのは家族主義と宗族主義である。だから中国には家族主義と宗族主義があるだけで、国族主義がない。

（「三民主義」一九二四年）

家族や宗族の利益のためだけに行動するのではなく、個人は民族として自覚し、団結し、国家を造りあげ、守らなければならない。中国人は中国という国家の利益のために団結しなければならない。いわば一人ひとりが国家意識をもたなければならないという意味で、孫文は「国族」という言葉を使った。それは団結力がない「バラバラな沙《すな》」である一人ひとりの中国人を民族として団結させることであって、かならずしも「バラバラな」多民族を一つに団結させることを意味していたわけではない。

ところがここでは、「国族」を多民族中国を団結させていくための言葉として使っている。そして次のようにいう。

満清、軍閥の両時代には、モンゴル、チベットを愚弄《ぐろう》し、新疆の人民の利益を無視した。この悪政をかならず矯正し、誠心をもって各民族の経済、政治、教育の発展を育成し文明が進歩した領域まで高めて、自由に統一された中華民国を造っていく。
（「対於政治報告之決議案」）

いわば民族対立や階級対立は、悪政の結果として生まれるもので、善政をしけば対立要因は解決できるという論理である。そして「国族」のもとに団結すれば丸く収まるという論理だ。まさに巨大国家のなかの少数民族（エスニック集団）の主体性を無視した暴論であり、民族の自治、自決はありえないこととなる。コミンテルンの影響下で出された一全大会の「大会宣言」が無視されただけでなく、「建国大綱」からも大きな後退であった。

この国民党三全大会は、蔣介石を人権無視の独裁者だと批判する汪精衛らの反対を押しきって開かれた。反対派は汪精衛をはじめ、国民党軍人の閻錫山《えんしやくざん》、馮玉祥《ふうぎよくしよう》、李宗仁《りそうじん》ら豪華メンバーであった。彼らは一九三〇年七月、北平《ペイピン》拡大会議（国民党中央部拡大会議）を結成した。蔣介石主導の三全大会を否認して、蔣介石に対抗するため、別に国民党中央部拡大会議なる名目で会議を開いたのである。そのあとに北平（北京）から山西省太原《たいげん》に移り、憲法の前段階である「約法草案」を起草、国民の人権と各民族の自治権を明示した。約法草案は一九二四年の「建国大綱」をそのまま掲載し、あらためて次のように記した。

国内の弱小民族に対しては政府が支援し、自治を自決できる。

（「太原拡大会議約法草案」一九三〇年十月）

孫文時代となんらの変化もなかったが、「建国大綱」を盛り込むことで、それを無視する蔣介石との違いを打ちだした。蔣介石はそれに対抗して「訓政時期約法」を制定した。ここでは「人民」や「国民」は語られても、「民族」は触れられなかった。もちろん「弱小民族」の「自治権」「自決権」も盛り込まれなかった。ただ、次のように規定されるだけであった。

第一条　中華民国の領土は、各省とモンゴル、チベットである。

（「中華民国訓政時期約法」一九三一年六月）

一方的なモンゴル、チベットの支配宣言である。新疆には新疆省が置かれ、そこはもはや異民族の世界ではなかった。

この南京国民政府と反蔣介石の拡大会議派との対比で、両者の自治概念には明確な違いがあったが、蔣介石軍と拡大会議を支持する反蔣軍とが激突した中原戦争で、東北軍の張学良軍が蔣介石側について、反蔣軍は敗れ去った。政治的にも汪精衛らの敗北となって、蔣介石に対抗した拡大会議も解散することとなり、「太原拡大会議約法草案」はまぼろしの約法草案となった。

次に登場するのは、一九三六年五月五日に発表された「中華民国憲法草案」である。発表の日付をもって「五五憲草」と呼ばれるものだ。中華民国の領土に関する条項には、各省の名前が個別に記載され、最後に辺疆が明記された。

第四条　中華民国の領土は（中略）新疆、モンゴル、チベットなどの固有の疆域である。

そして国民党三全大会の「国族」が登場する。

第五条　中華民国の各民族は、均しく中華国族の構成分子であり、一律平等である。

「中華国族」は、孫文のいう意味での「中華民族」と大きな違いはないであろうが、あえて「中華民族」といわずに「中華国族」と表現するのは、新疆、モンゴル、チベットの独自な民族性を強調されることにたいする警戒心から生まれた苦肉の表現であろう。

最後に、一九四七年元旦に公布された正式の「中華民国憲法」をみてみよう。これはすでに国民党と共産党との内戦が激化しているさなかに国民大会の議決をへて公布されたものである。一九三七年、国民党と共産党は抗日戦争では第二次「国共合作」を実現していた。しかし、日本軍が敗北した戦後、両党は協議を重ねたが、ついに分裂し、内戦に突入した。

この「中華民国憲法」は、国民党一党独裁（訓政時期）を解体した憲政時期に入るために制定されたもので、国民党以外のほかの政党関係者も審議のための国民大会に参加しており、国民党色がかなり薄められた。領土の条項は、とてもあっさりしたものである。

第四条　中華民国の領土は、その固有の疆域による。

これまでのように、モンゴル、チベット、新疆など具体的な地名が記されていない。さらに「基本国策」の分野に、「辺疆地区」が加えられている。

第百六十八条　国家は辺疆地区の各民族の地位にたいして、合法的な保障をしなければならない。ならびにその地方自治事業にたいしては特別に支援しなければならない。

ここでも具体的な辺疆民族名は明記されていない。だが自治権と明確に表示せずに、「自治事業」としたのは、基本的権利としての民族の自治権を否定したことになろう。

この「中華民国憲法」は、一九四九年に国民党が敗北して台湾に逃げ込むことで、大陸では葬り去られた。三年ももたない短命であった。この時期、国民党は内戦と敗走に明け暮れ、実質的には機能していなかった。

(二) 中華民国から切り離された辺疆地域

これまで国民党時代の党大会宣言、約法草案、憲法草案、憲法の変遷をみてきたが、自治権を認めたり、あるいは無視したり、「国族」という概念で、少数民族の主体性を否定したり、かなり混乱した対応がみられる。では、具体的にモンゴルやチベットはどのように取り扱われていたのか。

「モンゴルは固有の疆域」と意気込んでも、外モンゴルはモンゴル人民共和国として独立を達成し、ソ連軍が駐屯していて手が出せなかった。問題は内モンゴルである。とても複雑で、一言では表現できない。モンゴル族の独立志向と日本の「満蒙」政策が複雑に入り組んでいるからだ。

南京国民政府は、内モンゴルを熱河《ねっか》、察哈爾《チャハール》、綏遠《すいえん》として分け、省を置いて支配しようとした。自治権を認めずに、それを中国の省として位置づけたのである。日本は満州事変で満州国を建設すると、熱河作戦で熱河省も満州国に組み込んで、内モンゴル東部を、支配下に置いた。同時に内モンゴル内部へ進出し、内モンゴル全体を中国から切り離そうとした。モンゴル王族の一人である徳王《とくおう》（デムチュクドンロブ）は、自治を要求して、南京国民政府の了解のもとで一九三四年にモンゴル地方自治政務委員会（百霊廟《れいびょう》蒙政会）を設置した。ところが南京国民政府の自治政策に不満を抱いた徳王が日本と接近してモンゴル軍政府を樹立してしまった。南京国民政府は軍を送ってそれを打ち破ったが、一九三七年、盧溝橋《ろこうきょう》事件が発生すると、日本軍はさらに内モンゴル西部に進出し、中国軍を追い払って、フフホトに傀儡《かいらい》政権であるモンゴル連盟自治政府を樹立した。一九三九年には、ほかのモンゴル系傀儡政権と統合してモンゴル連合自治政府となった。

日本軍は一九三九年、有名なノモンハン事件を起こしたが、ソ連とモンゴル人民共和国の連合軍に撃破され、外モンゴルへ覇権を広げることはできなかった。日中戦争の時期、南京に日本の傀儡政権である汪精衛の南京国民政府が誕生したのにともない、モンゴルは一九四一年八月にモンゴル自治邦と改称された。独立国ではなく、「邦」という、あいまいな表現が使われた。日本軍が敗北すると、内モンゴルは南下したソ連軍の管轄下になって、共産主義者の活動が盛んになった。

チベットも複雑である。イギリスの影響下にあったチベットであるが、完全に中国から独立したわけではなかった。蔣介石の南京国民政府は、モンゴル・チベット委員会を置いて、チベット政策を遂行した。ダライ・ラマ十三世も全国を統一した蔣介石政権と交渉を開始し、関係を改善してラサと南京に相互に駐在員を置くこととなった。しかし、中国はチベットを実効支配することはできなかった。

中華民国期、現在のチベット東部と四川西部に、川辺特別地区が置かれていたが、日中戦争中の一九三九年には西康《シーカン》省とした。この川辺特別地区と西康省、および青海省にはチベット族が圧倒的に多く、チベットからすれば、それらはすべてチベットの祖国の一部であった。このため、チベットは西康や青海を回復するため、軍事行動を起こし、たびたび「康蔵紛争」(西康とチベットの紛争)が勃発した。中国からみれば、それはイギリスにそそのかされた独立策動ということになる。

「康蔵紛争」は三次にわたる。第一次は辛亥革命のときで、独立を宣言したチベットが攻撃をかけたが、四川都督、雲南都督が進軍して、その地を川辺特別地区とした。第二次は、一九一七年で、やはりチベット軍が川辺特別地区に進軍したが、イギリスの仲介で、収まった。

第三次は、一九三〇年からの長期紛争である。「今回の紛争は、双方とも大規模な軍事行動となって、中央政府から調停委員が派遣され、多くの談判と交渉が繰り広げられ、一九四〇年になって、やっと終結した」(『康蔵糾紛档案選編』)。

これは、実質的にチベットと中国の国境紛争であった。国民政府の実効支配は西康地域までで、西康省とチベットの境界が、事実上の中国とチベットを分ける国境線であった。

モンゴル、チベットと、新疆は少し様相が違っていた。中華民国が誕生すると新疆都督に楊増新《ようぞうしん》が就任、それから十六年間、楊による支配が続いた。しかし一九二八年七月七日、いわゆる「七七クーデター」が発生。宴会場で楊増新が暗殺され、そのあとの混乱を収めた金樹仁《きんじゅじん》が南京国民政府から新疆省主席に任命された。しかし一九三一年三月、イスラム教徒のウイグル族がハミ地区で「中華帝国」復活に反対する暴動を起こした。南京はこの

「ハミ蜂起」と連動して、金樹仁打倒の軍隊を送ったため、さらに混乱が生じた。一九三三年四月十二日、「四一二クーデター」が起こり、金樹仁が下野した。

この混乱期に新疆の新たな支配者となったのが、「東路剿匪《そうひ》総司令」の盛世才《せいせいさい》である。新疆ウルムチで督辦ポストを奪い取り、新疆の軍事支配権を確立した。それは南京政府との緊張関係を生んだ。盛世才は自らの地位を確保するため、ソ連との連盟を表明した。そして中国共産党と協力し、「反帝、和平、清廉、建設、親ソ、民平（民族の平等）」という「六大政策」を発表した。こうして「新疆の盛世才は中国共産党と抗日民族統一戦線を結成し、抗日戦争が勃発すると、新疆はソ連の中国援助、ならびにコミンテルンと中国共産党の連絡ルートとなった」（陳慧生、陳超『民国新疆史』）。

ところが一九三七年ごろから共産党と盛世才の蜜月《みつげつ》関係が崩れ、一九四二年四月から共産党員の逮捕、殺害が始まった。当然、ソ連との連盟関係は断ち切られ、共産党に代わって新疆に登場したのが国民党政権である。抗日戦争のために重慶に遷都していた蔣介石は、新疆に軍事攻勢をかけ、一九四四年には国民党が新疆を軍事制圧し、同年九月、ついに十二年続いた盛世才支配は終焉を迎えた。代わって国民党の呉忠信《ごちゅうしん》が新疆省主席に就任した。

モンゴルやチベットに比べれば、新疆はあきらかに中国中央政府の影響が濃厚であった。しかし新疆省としてイスラム教徒の各民族の自治権を否定し、漢民族の軍人が支配したといえども、国民党政権の支配力は弱く、混迷をきわめた。

(三) 新疆——東トルキスタン独立運動

新疆は、現在「新疆ウイグル自治区」となっているが、古代から西域と呼ばれる胡人の世界であった。いまは共産党による大規模な入植政策の結果、漢民族が多く移り住み、ウイグル族と漢族が圧倒的に多く、両民族で八十五％以上を占める。一九二八年の段階では、新疆の総人口は二百五十五万人で、ウイグル族は七十％を占め、漢族は十％以下であった。現在は、漢族は四十％を超える。そのほか、カザフ族、回族、キルギス族など多くの民族が散在する。ウイグル族はもともと西方から移ってきたトルコ系だとされ、カザフ族、キルギス族、タジク族、ウズベク族などは隣接する中央アジア諸国と国境を跨《また》いで居住しており、つねに民族的な紛争が絶えないトラブル地帯である。漢民族を除けば、多くがイスラム教徒であり、モンゴルやチベットとは異なった宗教対立という要素も抱えている。さらに石油など地下資源も多く、資源戦争の舞台でもある。

楊増新、金樹仁、盛世才と、漢民族支配者の統治が続いた中華民国期、ウイグル民族と漢民族の対立は絶えなかった。ウイグル民族が圧倒的に多数を占めていながら、少数者の漢民族が新疆を支配しているという構図である。それは清朝末期、少数の満州民族が多数の漢民族を支配している構図とダブっている。漢民族による満州民族支配を打倒する光復革命が正当化されるのであれば、ウイグル民族にとっても漢民族支配を打倒する民族闘争は、いわば光復革命であって、当然ながら正当化されなければならない。「排満」は、新疆にあっては「排漢」である。一九三一年の「ハミ蜂起」では入植した漢民族と衝突した。「蜂起参加者が漢民族入植者を全員殺害したことから、蜂起は最初から『反漢』の性格をもっていたといえよう」（王柯《おうか》『東トルキスタン共和国研究』）。

楊増新は次のように説明している。

新疆南路は回疆といい、またの名は東トルキスタンである。（楊増新『補過斎文牘』）

楊増新が使ったトルキスタンの漢字名は「土耳其斯担」である。「土耳其」とは「Turkey（トルコ）の訳語である。現在の中国はトルキスタンを「突厥斯担」と表現する。「突厥」は「Turk（突厥）の訳語である。トルキスタンはトルコ系をさすのではなく、北方の夷狄であった突厥系をさすのであって、「土耳其斯担」は誤訳であり、「突厥斯担」が正しいという説（『民国新疆史』）がある。しかし、これからみる東トルキスタン独立運動を担った人々は、トルコ系民族国家の建設をめざしていた。ここでも中国的歴史観とウイグル的歴史観の違いを垣間みることができる。

東トルキスタン独立運動の研究は、多くの貴重な原資料を活用した王柯『東トルキスタン共和国研究——中国のイスラムと民族問題』が秀逸であり、ここではこの研究に依拠する。

一九三三年十一月、ホジャ・ニヤズを大統領とする「東トルキスタン・イスラム共和国」がカシュガルに誕生した（第一次民族独立運動）。事実上の指導者は首相のサウド・ダームッラであった。彼はアフガニスタンやインドに留学し、パン・イスラム主義、パン・トルキスタン思想を受け入れていた。「組織綱領」には、「共和国はモスリムの教義によって成立し、『コーラン』の条文を遵守する」と、書かれていた。彼らは次のように呼びかけて、「反漢と分裂」を煽動したという。

われはいま、漢人の圧迫を離れたといえども、いまだ東干（回族の旧称）から離脱できていない。（中略）黄色い漢人と東トルキスタンは、もともと少しも関係がない。黒い東干ともほとんど関係がない。東トルキスタンは、東トルキスタン人の東トルキスタンである。外国人をわが父母とするなかれ。（中略）外国人の風習、慣習、性情、文字をすべて打倒し、外国人を永久に駆逐しよう。（『民国新疆史』）

漢民族からの独立だけでなく、同じイスラム教徒でありながら漢族化した回族とも異なることを強調している。

しかし内部分裂で、大統領のホジャ・ニヤズが首相のサウド・ダームッラを逮捕して、新疆省政府に引き渡し、「東トルキスタン・イスラム共和国」は翌年五月に瓦解した。一年にも満たない短命であったが、これは次の第二次民族独立運動の前触れであった。

一九四四年夏から秋にかけて起こったイスラム独立運動は、「東トルキスタン共和国」の建設として結実するが、のちの中国では「三区革命」と呼ばれている。三区とは、ソ連

（現在はカザフスタン）に隣接する新疆北部のイリ区、タルバハタイ区、アルタイ区である。トルコ系イスラム住民がゲリラ組織として「民族解放組織」を結成して、「我々はなぜ戦うのか」と題した政治宣言を発した。

我々の祖先は、我々が住んでいる地域を東トルキスタンと呼んでいた。昔から、ウイグル人・タランチ人・カザフ人・ウズベク人・キルギス人とタタール人はここに住んでおり、現在ここは依然として彼らの居住地である。ここには四〇〇万人の住民がいるが、三〇〇万人以上がこれらの民族によって占められている。これを理由に、この地域——トルキスタン——はかつてトルコ民族の心臓とも呼ばれていた。……我々の故郷は東トルキスタンであり、我々はこのトルコ民族の東方の部分であり、そのほかの部分はソビエト連邦にある。

（『東トルキスタン共和国研究』）

そして中国の圧政を強調する。

中国人はゴビ砂漠の向こう側の遥か遠い中国から我々の東トルキスタンに侵入し、我々の平和を望む心理と誠実さを利用し、軍隊と鞭によって支配権を獲得した。彼らは我々を家畜に対するよりもひどく圧迫した。（中略）我々が民族解放組織を結成した目的は、我が人民を残酷な中国の支配から解放し、これらの中国に圧迫・虐殺・搾取された民衆を、自由・平等・富・教養と幸せな生活を有する民族として立ち直らせることである。（同前）

中国を満州、東トルキスタンを中国に置き換えれば、清末の革命派の宣言だ。叛乱ゲリラは「クルジャ蜂起」を成功させ、十一月十二日にイリ区のクルジャで「東トルキスタン共和国」の樹立を宣言した。臨時政府主席に選ばれたイリハン・トレは次のように訴えた。

アッラーは我々の神であり、ムハンマドは我々の聖者であり、イスラムは我々の信仰であり、東トルキスタンは我々の祖国である。（中略）団結したクルジャ民衆は直ちに中国政権を打倒し、我々のイスラム政権を樹立した。血生臭い圧政を意味する中国の旗は、我々の足の下に踏まれて塵となった。我々の祖先から伝えられてきたイスラムの半月・星・スローガンが書かれた旗を挙げた。（同前）

ここは、かつてロシアと清国がイリ条約（一八八一年）で国境線を定めた地である。ソ連が無関心であるわけはない。王柯の研究では、クルジャ蜂起にはソ連赤軍が参加していたという。そして東トルキスタン共和国政府の軍部にもソ連赤軍将校が入っていた。同政府は「民族軍」を編成し、ソ連軍の支援を受けつつ隣接するタルバハタイ区、アルタイ区に進軍し、三区を「解放」した。

しかし一九四五年に第二次大戦が終わると、新疆をめぐる国際環境は大きく変わった。蔣介石は八月十四日、「中ソ友好同盟条約」を締結。ソ連は、中国からの独立をめざす東トルキスタン運動を露骨に支援することはできなくなった。他方、三区に拡大した叛乱軍である民族軍は軍事的勝利を重ね、新疆省政府があるウルムチへ迫った。ところが、その進軍に突然、中止命令が出された。こうして一九四六年一月二日に、ソ連を仲介とした東トルキスタン共和国と国民政府の間で「和平協定」が結ばれた。

「和平協定」では、かなりの部分で東トルキスタン共和国の主張が認められたが、ソ連軍は全員が引き揚げ、新疆省政府は改組して、三区の少数民族が参加することとなった。いわゆる連立政権の誕生である。こうして東トルキスタン共和国は消滅し、一九四六年六月、東トルキスタン共和国は「東トルキスタン・イリ専署」と改称した。東トルキスタン共和国の指導者であったイリハン・トレはソ連へ連行され、「東トルキスタン独立」の夢は潰《つい》えた。改組した新疆省政府は国民党の張治中《ちょうじちゅう》を主席とし、ウイグル族のエホメッドジャン・カスミが副主席となった。

共産党は、これらの国民党の新疆支配に対抗した独立運動を「三区革命」と、肯定的に評価するが、この東トルキスタン共和国政府を「偽」政権という。「偽」満州国政権への評価と同じである。国民党への闘争は「革命」と評価できるが、その「独立」は分裂主義として否定したのである。

一九四九年、国民党との内戦に勝利した共産党は全国を統一し、人民解放軍は新疆へ軍を進めて、一九四九年十二月十七日、新疆軍区を正式に立ちあげ、彭徳懐《ほうとくかい》を軍区司令員兼政治委員として、新疆省人民政府を打ち立てた。

第六章　共産党の民族政策
——それは解放なのか？

毛沢東

中国共産党は、初期のマルクス・レーニン主義政党から、だんだんと伝統的な民族主義政党へと変質していった。少数民族に対する民族政策は、その自由な独立を容認する路線から、独立を許さない大中華主義へと変わっていた。

すでにみてきたように、一九三一年十一月に制定した「中華ソビエト共和国憲法大綱」では、モンゴル、チベット、ウイグルなど辺疆民族は中国と自由に連邦を形成し、離脱する権利をもっているという「自由連邦制」を高々と宣言した。しかしこの立場は長続きしなかった。柳条湖《りゅうじょうこ》事件から始まる満州事変、そして盧溝橋事件から本格的な日中戦争に拡大した日本の中国侵略が、中国の民族的抗戦体制を生みだした。中国の諸民族はともに共通して日本帝国主義の脅威にさらされており、全民族は団結して、日本の侵略に立ちあがらなければならないという呼びかけは、各少数民族との民族的矛盾を棚上げにしようとするものであった。

国民党は民族の自治権を否定し、統一した国民国家の団結力で、日本に対抗しようとした。共産党はそうした国民党の自治権否定路線を批判しながらも、「自由連邦制」の旗を降ろして、民族統一戦線の構築をかかげた。民族統一戦線は、民族的利益を守るため、国民党も共産党もともに手を携えて日本軍と戦おうという意味であるが、それはいわゆる第二次の「国共合作」というだけでなく、各少数民族も団結して統一戦線を築きあげようということにもなる。

「自由連邦制」は、「華夷之辨」の変形バージョンである。清末の革命派の「華夷之辨」は「夷」を排除して、十八省の「華」だけで建国しようというものであった。共産党の「自由連邦制」は中国（華）と周辺の少数民族（夷）を峻別し、それを排除するのではなく、異民族の独立建国を認めて、希望するのであればあらためて連邦を形成しようというものである。

しかし抗日戦争を通して共産党の毛沢東は、中国人も少数民族も一緒になって全民族による民族統一戦線を結成しようと強調するようになり、全民族で形成される孫文の「中華民族」概念を再使用した。「大一統」への傾斜である。そして国民党を台湾へ追いやり、全国を統一すると、あからさまに「自由連邦制」を投げ棄てて、辺疆のモンゴル、チベット、新疆も「中国の不可分の領土」であるとし、それらを自治区として中華人民共和国に組み込んで、独立建国の自由を完全に否定した。いわば皇帝専制に代わる共産党独裁による天下統一の「大一統」であり、伝統的理念への後退である。

(一) 毛沢東の登場

毛沢東は共産主義者になる前の若いとき、各省ごとが独立することが望ましいとして、ふるさとの湖南《こなん》省を「湖南共和国」に変えることを訴えた。

私は「大中華民国」には反対だ。私は「湖南共和国」を主張する。(中略) もっとも良い方法は、全国的な建設ではなく、分裂して、各省ごとに分けて建設することだ。「各省人民自決主義」を実行することだ。二十二の行省と三つの特区、二つの藩地に分けられた二十七の地方を、二十七の国に分けることがもっともよいことだ。

(「湖南建設問題的根本問題――湖南共和国」一九二〇年)

だから毛沢東は統一に反対した。

われわれ四千年の文明古国には、簡単にいえば国はなかった。国は一つのフィクションであって、実体はなかった。たとえば人民も散在しているだけで、「一握りのバラバラな沙」とはなさけない形容詞だ。中国人は四千年以上も生き続けてきたが、どうやって生きて来たのか？ 組織はなく、組織された社会などみつけることはできないし、組織された地方もみつけることはできない。中国の土地には、中国人がいるとか、いないとか、たいした違いはないのではないか？ 人類のなかに中国人が必要か、必要でないか、どんな関係があるのか？ 原因を探れば、不幸なことに、「中国」の二字のなかにあり、中国の統一のなかにある。現在、唯一の救済方法は、中国を解散することであり、統一に反対することだ。

（「反対統一」一九二〇年）

まるで中華帝国解体論である。さすがにこの過激な主張はまもなく消えていく。毛沢東は山岳地帯井崗山《せいこうざん》で革命根拠地を建設し、一九二八年五月、独自の共産党軍である紅軍（労農軍）を組織し、軍長・朱徳《しゅとく》、党代表・毛沢東の「朱毛軍」が誕生した。紅軍は毛沢東が政治的に台頭していく基盤である。一九二九年一月の紅軍布告は次のようにいう。

中華を統一し、（中略）満、モンゴル、回、チベットは自らが章程を定める。

（「紅軍第四軍司令部布告」一九二九年一月）

中華は統一するが、中華の外側に満、モンゴル、回、チベットを想定していたことがわかる。そして一九三一年十一月、瑞金で「自由連邦制」を盛り込んだ「中華ソビエト共和国憲法大綱」を制定した。

しかし一九三七年に日中戦争が勃発すると、日本軍は満蒙分離政策を遂行した。中国から満州や内モンゴルを分離しようというものである。共産党もそれに対抗するため、モンゴルに抗日戦争のための民族団結を訴えるようになった。

「モンゴル、漢両民族は団結して一致抗戦しよう」、「綏遠（内モンゴルに置かれた省）を防衛しよう」というスローガンで、各旗王の連席会議を準備し、イクジョウ盟の各旗上層部との抗日統一戦線、団結抗日を実現する（徳王、沙王には批判的態度をとる）。

（「八路軍騎兵団向蒙境出動」一九三七年十一月十六日）

「旗」や「盟」は、モンゴル独自の地方行政単位をさす。日本軍に協力して内モンゴル独立をめざしていた徳王などを除く内モンゴル上層部とも手をとりあって抗日統一戦線を築こうという呼びかけである。一年後には、徳王にも抗日統一戦線へ加わるよう工作し、そのためにはモンゴル人の反感を和らげなければならないともいっている。

モンゴル人にたいしては、漢人が奪った土地の回復を要求させ、漢人にたいしては相当の対価で買い戻させるか、農地の租税を納めさせなければならない。

（「在大青山堅持長期游撃戦争」一九三八年十一月二十四日）

土地所有をめぐる「侵入者」漢民族と、「先住民族」モンゴル民族の民族的対立を緩和させるために、配慮をめぐらせたのだ。

こうして毛沢東は抗日戦争の過程で、「自由連邦制」的国家構想を放棄し、各民族を包み込んだ中国の国家構想をもつようになった。それには孫文が語った「中華民族」という概念が有効であった。毛沢東が本格的に「中華民族」に触れたのは、一九三九年の「中国革命と中国共産党」である。

四億五千万の人口のうち、十分の九以上が漢人である。このほか、モンゴル人、回人、チベット人、ウイグル人、ミャオ人、イ人、チワン人、プイ人、朝鮮人など、合わせて数十種の少数民族がいて文化発展の程度は同じではないが、すべて長い歴史をもっている。中国は多数の民族が結合して広大な人口を抱える一つの国家である。中華民族の発展（主要なのは漢民族の発展）は、世界の多くの民族と同様、数万年の無階級的原始コミューンの生活をへてきた。（中略）中華民族は栄光ある革命の伝統と、優秀な歴史遺産をもつ一つの民族である。（「中国革命和中国共産党」一九三九年十二月）

「中華民族」は、漢民族を主要なものであるとするが、「モンゴル人、回人、チベット人、ウイグル人、ミャオ人、イ人、チワン人、プイ人、朝鮮人」などを含めた多民族の総称であるという考えが、にじみでている。

しかし一九四五年四月に発表された「連合政府論」をみると、毛沢東はふらついているように映る。

国内少数民族の待遇を改善し、各少数民族に民族自決権および自発的希望による原則のもとで、漢民族と連邦国家を建設する権利を認めるよう要求する。

（「論聯合政府」一九四五年四月二十四日）

毛沢東の論文や発言は、そのあとに何度も修正されて、各時代の情況に合うように書き直される。現在の『毛沢東選集』は一九五一年以後に編集されたものである。別の版では、次にようにある。

新民主主義の国家問題と政権問題には、連邦の問題が含まれる。中国内の各民族は、自発的希望と民主の原則をもとに、中華民主共和国連邦を組織し、またこの連邦を基礎にして、連邦の中央政府を組織する。

（「論聯合政府」別版、一九四七年版『毛沢東選集』所収）

突然、過去の「自由連邦制」があらわれたのだ。この部分は、初期に発表された「論聯合政府」にはあるが、現在の『毛沢東選集』の「論聯合政府」では削除されている。共産党が「自由連邦制」を否定した建国（一九四九年）以降は、都合が悪い部分であるからだ。「連邦制」の可能性を語る一方、同じ論文で毛沢東は二十年前の国民党一全大会の「大会宣言」をもちだして、それを忠実に守ると述べている。この点は別版も変わりない。

一九二四年、孫中山先生は「中国国民党第一次全国代表大会宣言」で（中略）「国民党は厳粛に宣言する。中国内部の各民族の自決権を承認する。帝国主義と軍閥に反対する革命が勝利したあとは、自由に統一された（各民族が自由に連合する）中華民国を組織する」といった。中国共産党は完全に孫先生の民族政策に同意する。

（「論聯合政府」）

一九二四年当時の中国共産党にとっては、ボロディンがいうように「『統一された』あるいは『自由な』中華民国という提案は、連邦制に関するコミンテルンの提案とは、完全には符合しない。しかし国民党が少数民族の自決に同意したのであるから、私はあえてわれわれの提案に固執はしなかった」（第四章参照）にすぎず、本当はコミンテルンが求める「自由連邦制」が理想であった。

コミンテルンが求める少数民族の「独立」容認路線と、孫文の「自治」にとどめる「自決」路線とは大きく異なっていた。一九四五年の段階で、毛沢東はあきらかに矛盾した二つの政策を並立させていたのである。毛沢東はどちらの路線を重要視していたのであろうか。

抗日戦争の過程で辺疆民族との統一戦線が強調されてきたが、じつは共産党の内部には、依然として過去の「自由連邦」にこだわる見解は強かった。毛沢東の「連合政府論」が語られたのは中国共産党第七次全国代表大会（七全大会）である。その七全大会で採択された「党章」には次のようにある。

独立、自由、民主、統一、富強の、革命階級の連盟と各民族が自由に連合した新民

主主義連邦共和国を建立するために奮闘する。（「中国共産党党章」一九四五年四月）

共産党の内部でも、まだ「連邦共和国」という概念が消えていたわけではない。毛沢東の発言は、その現実を受けたものであろう。あとでくわしく述べるが、中華人民共和国建国時、正式に「自由連邦制」を否定して、「自治制」を確立する段階にあっても、いまだ「自由連邦制」に固執するグループがあって、周恩来《しゅうおんらい》が説得に苦労した様子がうかがえる。

だが現実に進めてきた政策は、辺疆民族との統一戦線であって、毛沢東はこの段階で、コミンテルン路線とは異なる孫文路線を採用したとみなすべきであろう。だからのちに、この「連邦政府」部分を削除することを、毛沢東自身が認めたのだ。だとすれば、ここでいえることは、辺疆の少数民族を「中華民族」として中国に組み込み、そこに「自治権」のみを与えるという孫文＝毛沢東路線の確立である。

（二）共産党の「民族区域自治制度」

一九四九年十月一日、中華人民共和国の建国が宣言された。その国家体制のあり方を決めたのは、前月に開かれた中国人民政治協商会議で採択された「共同綱領」である。

第六章「民族政策」は次のように決められた。

第五十条　中華人民共和国の領域内の各民族は一律平等である。団結と互助を実行し、帝国主義と各民族内部にいる人民の公敵に反対し、中華人民共和国を各民族が親しく合作する大家庭にする。大民族主義と狭隘な民族主義に反対し、民族間で敵視しあい、民族の団結を圧迫し、分裂させる行為を禁止する。

第五十一条　各少数民族の居住地区は、民族の区域自治を実行しなければならない。民族居住人口の多少、区域の大小によって各種の民族自治機関を分けて建立する。

第五十二条　中華人民共和国の領域内の各少数民族は、統一的な国家軍事制度によって、人民解放軍に参加し、および地方人民公安部隊を組織する権利を、等しく有する。

（「中国人民政治協商会議共同綱領」一九四九年九月二十九日）

これが現在にいたる共産党の民族政策の基本である。

中国は各民族が親しく団結する「大家庭」である。中華民族が仲よく暮らす大家族であるということである。各民族に許されるのはただ「区域自治」のみであって、分裂、独立は許されない。そして各民族は独自の軍隊を保有することは許されず、人民解放軍に参加する「権利」だけがあるとされた。

一九五四年九月に公布された最初の「中華人民共和国憲法」では、次のように記されている。

序言（中略）わが国の各民族はすでに団結して、一つの自由で平等な民族大家庭となった。各民族間の友愛と互助を発揚し、帝国主義に反対し、各民族内部にいる人民の公敵に反対し、大民族主義と地方民族主義に反対することによって、わが国の民族的団結はさらに引き続いて強化される。（中略）

第三条　中華人民共和国は統一された多民族の国家である。各民族は一律平等である。いかなる民族にたいしても敵視と圧迫を禁止し、各民族の団結を破壊する行為を禁止する。各民族はすべて自己の言語文字を使用し発展させる自由を有しており、すべて自己の風俗慣習を保持し改革する自由を有している。各少数民族が居住する地方では区域自治を実行する。各民族の自治地方は、すべて中華人民共和国の分離できない部分である。

（「中華人民共和国憲法」一九五四年九月公布）

「共同綱領」と「憲法」で、ほぼ「区域自治」の概念が決定された。いわば統一された多民族国家の内部における、それぞれの民族の自治活動を認めるというものである。しつこく強調するが、これは「自由連邦制」の完全否定である。

なぜ、このようになったのか。毛里和子『周縁からの中国――民族問題と国家』によれば、「どうやら建国直前まで党内で完全なコンセンサスはできていなかったらしい。共同綱領を起草する人民政治協商会議では、『多くの同志がソ連に見習って連邦共和国を作るべきだと主張したが周恩来がそれをきっぱり斥けた』といわれる」と指摘する。

周恩来は、次のように述べている。

国家制度については、われわれの国家は多民族連邦制を採用するか否かの問題が存在する。（中略）いかなる民族もすべて自決権を有している。これには少しも疑問の余地はない。しかし帝国主義者は今、われわれのチベット、台湾、さらには新疆までも分裂させせようと狙っている。こうした情況にあるから、各民族は帝国主義者の挑発に耳を貸さないように希望する。このことから、わが国家の名称を中華人民共和国とし、連邦とはしないのである。

今日、ここに集った多くの人々は民族代表であるから、皆さんに向かって特別に解釈を披露した。そして同時に皆さんがこの意見に同意することを希望している。

（「関於人民政協的幾個問題（摘録）」一九四九年九月七日）

この周恩来の説得論理をまともに解釈すれば、少数民族は「多民族連邦制」を求めるかもしれないが、帝国主義を利するだけで、とても危険であるから、やむをえず、「区域自治」を提案する、ということになる。だとすれば、いずれ帝国主義の策動がなくなれば、「自由連邦制」を実現する環境が生まれるということになる。

でも現実はそうではない。具体的独立を求めてきたのは、少数民族のなかでも比較的独立できる力を有するチベット、モンゴル、ウイグルの各民族である。たしかにその背景にはイギリスなどの「帝国主義の挑発」があったとしても、それを進めてきたのは、各民族の独立精神であり、なかに

周恩来

は漢民族への敵愾心《てきがいしん》もあったことは、すでに述べたとおりである。そうであるがゆえに、周恩来は、独立を勧めない原因は、民族を引き裂こうとしている帝国主義にあるとして、帝国主義列強に責任転嫁した。それは民族の独立を抑えるという既定の方針を正当化したにすぎない。

このとき、一つの指令が出された。多くの研究でとりあげられる文献である。

今日にいたっては、各少数民族に関する「自決権」問題を、再び強調するようなことがあってはいけない。過去の内戦期では、わが党は少数民族を取り込むために、国民党の反動統治（中略）に反対し、このスローガン（自決権容認のこと）を強調したことがあった。当時としては、完全に正しい政策であった。しかし現在では情況が根本的に変化した。国民党の反動統治は基本的に打倒され、わが党が指導する新中国が誕生している。

（「中共中央関於少数民族『自決権』問題給二野前委的指示」一九四九年十月五日）

少数民族の自決権を主張してきたのは、少数民族を引きつけるための飴玉《あめだま》、方便にすぎず、共産党が天下をとったからには、もう飴玉を与える必要はないということだ。あまりにも素直な表現、あるいは露骨な表現であるが、この指令を受け取った共産党員（送られてきた第二野戦軍は、司令員が劉伯承《りゅうはくしょう》、政治委員が鄧小平《とうしょうへい》であった）が、素直に了解したかは疑わしいところである。

なぜなら、多民族連邦制や民族自治のあり方をめぐって、共産党内部にもさまざまな見解があったからである。従来の連邦制を含む民族自治論は、少数民族を引きつけるための単なる戦術として唱えられたわけではなく、共産党内部には原理的に連邦制すら容認するグループがあって、民族政策をめぐる対立があったことを周恩来の発言は認めたのである。

一九四九年の建国にあたって、中国共産党は、これらの反対を押し切って、中華人民共和国を「大一統」的な伝統国家として建設することに踏み切ったということであろう。まるで、清末の革命派が「華夷之辨」を唱えていながら、中華民国の建設では、一転して「五族共和」の「大一統」に転換したように、共産党も権力を握ると、同じように「大家庭」という表現で、「大一統」的世界観を訴えた。まさに「君子、豹変《ひょうへん》す」である。

（三）チベット――「解放」か、「侵略」か

チベット問題は、扱いが難しい。中華人民共和国が誕生した直後の一九五〇年十月、人民解放軍が東チベットに武力侵攻し、チャムドに進軍した。その後、軍事的圧力のもとで、チベットのダライ・ラマ十四世政権と「チベットの和平解放に関する協約」（十七条協定）を締結した。そして一九五一年九月九日、約三千の人民解放軍がラサに入りチベットは中国に「統一」された。中国側は「和平解放」と呼ぶが、チベット側は「武力侵略」と呼ぶ。なぜこのような百八十度違う理解が発生したのか。基本的には、チベットを中国の一部とみなすか、独立した国家であるとみなすか、その違いにある。チベットが中国の一部としても、その中央政府とチベット政府との関係は、独立に近い国家主権が付与される連邦関係であるのか、限定された「区域自治」が与えられるだけであるのか、という違いがつねに横たわっている。

いうまでもなく、共産党政権は「区域自治」論にもとづく民族政策を決定したからには、

チベット問題もその枠内で対応しようとした。しかし内モンゴルや新疆と違って、チベットにはきわめて強力なダライ・ラマ統治による独自な政教一致の神権政権が存在し、中華民国時代はほとんど独立国家に近い状況が続いていたこともあって、事態は中国が思うようには進まなかった。

この時期、共産党がかかげた「解放」論理の正統性は、次の二点に集約できる。

①チベットは中国の一部であるから、領土を回復して統一を達成しなければならない。

②チベットは、長い間にわたってイギリスに支配されてきたから、外国帝国主義の軛《くびき》から解放しなければならない。

その後、一九五九年のチベット大叛乱でダライ・ラマがインドへ亡命し、インドのダラムサラに亡命政府を樹立すると、次の点が加えられた。

③チベット人民はダライ・ラマを頂点とする僧侶・貴族階級の封建的農奴制度に苦しめられているから、人民をその苦しみから解放しなければならない。

建国直前の「新華社」社論は、次のようにチベット問題を論じている。

チベットは中国の領土である。チベット民族は中国各民族の大家庭に入って、漢族や中国領内の他民族と兄弟関係を築いて以来、悠久の歴史を刻んできた。チベット民族と漢族、中国領内のその他の各民族との友誼《ゆうぎ》は、イギリス、インドの侵略者や漢、チベットの反動分子のために壊されてきた。毛沢東の新民主主義と中国共産党、中国人民解放軍が進めている少数民族支援の政策は、チベット人民の救いの星となっている。

（「新華社」社論、一九四九年九月三日）

チベットを「解放」しても、ただちにダライ・ラマの旧政権打倒を唱えたわけではない。その理由を周恩来は次のように述べている。

解放軍はかならずチベットに進入しなければならない。目的はイギリス、アメリカの帝国主義勢力を一掃し、チベット人民を保護し、内モンゴルや新疆のように、自治を実行するようにさせることだ。（中略）各民族地区の工作では、上下関係の問題が発生する可能性がある。各民族の内部には抑圧者と被抑圧者がいる。ひどい場合は、抑圧者のなかにまた抑圧者がいる。この問題をどのように解決すべきか。一律反対するのか。われわれは一律には反対できない。その抑圧者の態度をみなければならない。（中略）もしダライ・ラマが帝国主義と国民党反動派に反対するのであれば、われわれは彼と合作しなければならない。（中略）宗教信仰の問題に関していえば、宗教の信仰は自由である。干渉できない。他人の信仰は尊重しなければならない。チベットは政教一致を実行している。われわれはだんだんと政教分離を進めなければならない。共同の敵が打ち破られたあとも、政治上は保障し、経済文化が高まったあとに、すべてを解決できる。工作は、急ぎすぎることは避けなければならない。多くの人民が改革を要求するときになって、はじめて改革できるのであって、上下、内外の関係を処理できるのだ。

（「関於民族政策問題」一九五〇年四月二十七日）

漢族もチベット族も、「大家庭」に入って、中国を形成する。民族の友好を損なっている帝国主義列強を追い払う。ダライ・ラマ支配をただちには打倒しない。しかし政教一致は徐々に政教分離へ変えていく。まとめると、こんなところである。

こうして北京で、中国とダライ・ラマ政権との協議が進み、チベット地方政府全権との間で、いわゆる「十七条協約」が締結された。

一、チベット人民は団結して帝国主義侵略勢力をチベットから駆逐し、チベット人民は中華人民共和国という祖国の大家庭へ回帰する。

二、チベット地方政府は人民解放軍のチベット進入に積極的に協力し、国防を強固にする。

三、中国人民政治協商会議共同綱領の民族政策にもとづき、中国人民政府の統一した指導のもと、チベット人民は民族区域自治を実行する権利を有する。

四、チベットの現行政治制度について、中央は変更しない。ダライ・ラマの固有の地位と職権について、また中央は変更しない。各級官員はそのまま職につく。

（「中央人民政府和西藏地方政府関於和平解放西藏辦法的協議」一九五一年五月二十三日）

ここでも「大一統」的な概念である「大家庭」が使われた。ダライ・ラマにはその地位を保障する代わりに、チベットには人民解放軍が駐屯し、その政治を監視することとなった。

この協約第一条について、インドへ亡命したのちのダライ・ラマは、次のように疑問符を投げかけている。

ティベットに駐屯した外国勢力は、一九一二年に掃討された清朝軍をもって最後とする。わたしが知っているかぎり、その当時ティベットには一握りのヨーロッパ人しか存在していなかったのだ。しかも「祖国に復帰（回帰）する」とはなんという恥知らずな作り話だろう。ティベットはかつて一度たりとも中国の一部であったことはない。
（『ダライ・ラマ自伝』）

中国側の解釈では、この「十七条協約」は、協議の結果として調印されたので、中国はチベットを平和裏に解放した、という表現を使っている。この基本協約ですら、微妙な食い違いがある。

ダライ・ラマは、次のように述べている。

これが最後通牒として渡された。わが代表団は、それに対してどんな変更を加えることも、どんな提案をすることも許されなかった。わが代表団は侮辱され、罵しられ、その身に加えられる暴力をもって脅迫された。さらには、チベット国民に対して、より以上の軍事行動を展開するぞといって威嚇された。しかもなお、それから先の訓令を求めるために、わたくしにも、わが政府にも照会することを許されなかった。
（『この悲劇の国、わがチベット』）

チベットの代表団が北京にとじ込められて、ラサとの連絡もとることができないまま、調印を強要された、不当な協約であるという。だから、チベット側は、あきらかに強要された、不当な、差別的な協約であると考えていたことは間違いない。毛沢東も、次のようにチベット側の反発を憂慮しているからである。

チベットの上層部からみれば、いまのところ、協約の全面的実施とチベット軍の改編の理由は、まだ不十分である。あと何年かたてば、いまとは違ってきて、彼らも協約の全面的実施とチベット軍の改編をやるほかはないと考えるようになるだろう。もしチベット軍が叛乱を、それも一度ならず何度も起こして、すべてわが軍の反撃によって抑えられた場合、われわれがチベット軍の再編をおこなう理由は、いよいよもって多くなる。どうやら二人の司倫（ダライ・ラマ配下の行政官）だけでなく、ダライ・ラマとその集団の多数も、この協約は無理やり受諾させられたものと考えており、実施するつもりはないようである。われわれには、いまは協約を全面的に実施する社会的経済的基盤がないばかりか、協約の全面的実施の大衆的基盤もなく、また上層部にたいしても、協約の全面的実施の基盤はない。無理に実施しても、害多くして利少なしである。（中略）われわれはもっぱら、生産、貿易、道路建設、医療、統一戦線（多数を結集し、根気よく教育する）などのよいことをおこなって、大衆を勝ち取り、時機が熟するのを待って、協約の全面的実施の問題を考えればよい。

（「中共中央関於西藏工作的方針」一九五二年四月六日）

事実上、この方針は、いやがるチベットにたいして中国側が、「十七条協約」をむりやり強要したものであることを、毛沢東と共産党中央が認めたに等しい。今後予想される、チベットの大衆的反感を背景にした叛乱を軍事的弾圧で蹴散《けち》らして、逆に支配基盤を不動のものにし、時間をかけて支配を達成すればいいという、指令である。チベット進軍を「和平解放」と呼ぶが、チベットの上層部も大衆も、こぞって歓迎したものではなかったことを、毛沢東は素直に認めている。だからこれから時間をかけて、大衆を反感から歓迎へ意識変革させようというのである。

植民地経営はつねに反発を買い、叛乱の危険をはらんでいる。だから植民地経営では、軍事的圧力と同時に市民生活の向上をめざすインフラ整備、産業開発を進めて、大衆的支持を勝ち取ろうと努力する。この共産党方針は、まさに帝国主義列強が実施した植民地経営のやり方を真似たものであるということもできよう。

毛沢東が「期待」したように、チベットの叛乱は続いた。その頂点が、一九五九年三月十日のラサにおける大規模な暴動である。チベットは「民族蜂起」と呼び、中国は「叛乱」と呼ぶ。

ラサのチベット人はダライ・ラマが中国に拉致されるのではないかと、ダライ・ラマが住む夏の宮殿・ノルブリンカに集まり、数万（一―三万）に膨れあがった。そして「漢族を追いだせ」「チベットに独立を」などと叫んだ。集会では「十七条協約」の破棄と、全漢族のチベット追放が決議された。こうして暴動に発展し、中国軍との衝突が始まった。

混乱を収拾できなくなったダライ・ラマは十七日、ラサを脱出して、インドへ亡命した。そしてダライ・ラマはインドに亡命政府を建設した。今日まで続いている亡命政府である。

この蜂起、叛乱について、中国政府はその直後に次のように述べている。

チベット政府はすでに協約を反故にして、祖国に叛《そむ》いて、チベットの全域で叛乱を起こした。事態はチベット上層反動分子との決戦をもたらし、叛乱を平定し、チベット問題を徹底的に解決するための戦争を進めた。

（「中共中央関於在西藏平叛中実現民主改革的若干政

策問題的指示（草案）」一九五九年三月二十一日）

チベットが中国に叛いたから、叛乱平定の戦争を仕掛けたという構図である。中国は戒厳令を発し、国務院は三月二十八日にはダライ・ラマがいなくなったチベット政府を解消して、その権限をチベット自治区準備委員会にゆだねた。

そして一九六五年九月、チベットを正式にチベット自治区とした。

一九五一年から五九年までは、共産党とダライ・ラマの並立状況であった。そのため、共産党はダライ・ラマ支配を直接的には批判しなかった。多くのチベット民衆は、チベット仏教を通して絶対的に帰依《きえ》していたからである。しかし、ダライ・ラマが亡命すると、共産党はいっせいにダライ・ラマ批判を始めた。

チベットの現在の社会制度は、とても遅れた農奴制度である。
（「第二届全国人民代表大会第一次会議関於西蔵問題的決議」一九五九年四月二十八日）

このとき以来、中国はダライ・ラマ支配体制を、政教一致の「農奴制度」であったと規定し、僧侶・貴族を土地と農民を独占する「農奴主」であると糾弾した。だからチベットの改革は、社会主義の建設を通して、農奴を解放し、土地を与え、民主的な社会を実現することであるということになった。

社会主義への道では、民族矛盾よりも、階級矛盾が重要視される。文化大革命が開始される直前の一九六五年、チベットにおける改革課題を次のように中国政府はとらえている。

チベット解放から十五年、とくに反動農奴主の叛乱を平定し、民主革命を開始してから五年余り、政治、経済、文化などの各方面で、天地をひっくり返すほどの変化が発生した。（中略）チベット百万の農奴は党の指導によって、自らの手で封建農奴制度を徹底的に打ち壊した。（中略）長い間、生活に苦しんでいた農奴と奴隷は、ついに立ちあがって新社会の主人となった。（中略）毛沢東同志はいった。「民族闘争は、一つの階級闘争である」。チベット社会の階級闘争は、農奴階級と封建農奴主階級との闘争である。チベットの農奴階級は、とくに貧困な農奴と奴隷（遊牧区の貧困な遊牧民と遊牧労働者）である。（中略）百万の農奴とチベットの封建農奴主階級との矛盾は、けっして調和できない。反動的な農奴主は野蛮な封建農奴制度を維持するために、チベットの革命に狂ったように反対した。ダライ・ラマを首領とする一握りのチベット上層叛国集団は、インド反動派の教唆《きょうさ》と支持のもと、かつて反革命武装叛乱を発動した。

（「為建設社会主義的新西蔵而奮闘」、『人民日報』社論、一九六五年九月十日）

ダライ・ラマ派は、「農奴階級」を苦しめてきた「封建農奴主階級」である。チベットの「民衆蜂起」は、「反革命武装叛乱」である。まさに民族問題を階級闘争にすり替えて、矛盾は中国とチベットの間にあるのではなく、ダライ・ラマら支配階級と、一般の農民との関係にあるとした。

では、階級闘争が強調されなくなった現在は、どのようにとらえられているのか。本格的な「チベット白書」として有名な「チベットの主権帰属と人権状況」は次のように述べている。

一九五九年に民主改革がおこなわれるまで、チベットは政教一致の僧侶・貴族専制の封建農奴制社会であった。その暗黒さ、その残酷さは中世ヨーロッパの農奴制以上のものがあった。チベットの農奴主は、主に三大領主——役人、貴族、寺院・上層僧侶であった。彼らはチベット人口の五％たらずであるが、耕地、牧場、森林、山河のすべて、および大部分の家畜を占有していた。

（「西蔵的主権帰属与人権状況」一九九二年九月二十二日）

基本的には、その認識は変わっていない。だが、現在は階級闘争が強調されるわけではない。やはり強調されるのは、チベットの主権はどこに帰属するのかという問題である。

同白書はいう。

十三世紀中葉、チベットは正式に中国の元朝の版図に組み込まれた。それ以後、中国ではいくつかの王朝が興亡を繰り返し、何度も中央政権が交代したにもかかわらず、チベットはつねに中央政権の管理下にあった。（中略）百余年来、中国の中央政府はチベット地方にたいし主権を行使し続け、チベット地方が独立国になったことはなかった。（同前）

これが「チベットは中国である」という主張の論拠である。

アレ、少しおかしいな、と思うことがあろう。チベットは中国の版図に組み込まれたのではなく、モンゴル帝国に支配されたのではないか。夷狄のモンゴルが、中国と同時に夷狄のチベットも支配したのである。

しかし現在の共産党の歴史解釈では、モンゴルによる元朝も、満州による清朝も、中国の王朝であるという認識で統一されている。異民族王朝の支配ではなく、同じ「中華民族」の王朝支配であるという、きわめて歴史的事実を無視した解釈をしている。だから、チベットを、モンゴル族や満州族、そして漢族が支配することは、けっして主権の侵害ではないが、しかしイギリスが支配することは主権の侵害である、という認識は変わっていない。

イギリスなどの帝国主義列強の支配から独立することは民族闘争として評価されるが、辛亥革命期のように満州支配からチベットが独立すること、そして共産党政権からチベットが独立することは、分裂主義者の策動ということになる。

(四)「大家庭」による「中華民族」の強調

中国の民族政策で、多民族による「大一統」的団結が強調されるときに使われる概念は、「大家庭」とか、「国族」、あるいは「中華民族」という言葉であらわされる。共産党は、「大家庭」という言葉を乱発した。じつはこの「大家庭」という概念は、恣意《しい》的に創られた概念である。伝統的に中国の各民族が「大家庭」のなかで、仲よく暮らしていたわけではない。これまでは仲が悪かったが、これからは仲よく「大家庭」のなかで暮らさなければならないという、創られた理念である。ちょうど「四海之内、皆兄弟也」という美しいが実現不可能な理念と同じである。

周恩来は建国直後の一九五〇年六月、次のように厳しい現実を語っている。

わが国の歴史では、各民族の間の矛盾はとても大きかった。漢族は少数民族との関係において、少数民族にすまないことをしてきた。今後はわが漢族同志はそれを代わって受け止め、彼らに謝罪しなければならない。今日の中国は、過去の中国とは違って、二度と少数民族を圧迫することはないと説明しなければならない。一度では済まず、何度も説明しなければならない。人々は最後にはあなたの話が本物であるということを理解してくれるだろう。（「関於西北地区的民族工作」一九五〇年六月二十六日）

周恩来の話からもわかるように、けっして「大家庭」という現実が過去に存在していたわけではない。これから創ろうという新しい概念である。周恩来は、各民族代表を招いた宴会で次のように講話している。

数千年来、中国の各民族は団結しなかった。はなはだしくは相互に敵視してきた。

（中略）この一年、状況は大きく異なった。われわれ各民族人民が共同で努力し、アメリカ帝国主義の走狗《そうく》である蔣介石を頭とする国民党反動統治を打倒し、中華人民共和国を建設した。こうして中国の各民族間の関係は根本的に変わった。（中略）中華人民共和国の建設で、各民族が友愛的に合作した大家庭を育てあげた。

（「在歓宴各民族代表大会上的講話」一九五〇年十月一日）

この「大家庭」には、歴史的実体がない。「大一統」のために編みだされたフィクションである。ちょうど日本がアジア諸国を侵略しながら、他方では「アジアは一つ」として「大東亜共栄圏」の形成を急いだ茶番劇を思い起こさせる。

当然ながら創られた「大家庭」は、順風満帆ではなかった。「四旧」（旧文化、旧風俗、旧習慣、旧思想）打倒が叫ばれた文化大革命では、チベットは恰好《かっこう》の攻撃対象となった。チベット文化を構成するチベット仏教、寺院、僧侶の存在は、まさに「四旧」の世界そのものであると、紅衛兵には映ったからだ。文化大革命が起こると、チベット仏教寺院をはじめ、多くのチベット文化が破壊された。文化大革命が始まった一九六六年、多くの漢民族の若者がチベットに乗り込んで、寺院を破壊した。ラサの代表的寺院であるジョカン（大昭）寺は、激しい破壊を受け、招待所（ホテル）にされた。僧侶は「牛鬼蛇神」として、三角帽をかぶせられ、市中を引き回された。チベット人は次のように語る。

彼らはチベット文字に軽蔑を示し、チベットの歌と舞踊を禁止しました。チベット人は中国の歌を唱わされ、中国の服を着せられ、中国の習慣を強制されました。

（A・T・グルンフェルド『現代チベットの歩み』）

チベット亡命政府の説明によれば、「中国の公式発表とは逆に、チベットで文化や宗教が破壊されたのは、多く一九五五年から一九六一年にかけてであり、かならずしも文化大革命の時期だけではなかった。（中略）チベット全土にあった六二五九の僧院・尼僧院のうち、一九七六年に残っていたのはわずか八カ寺にすぎなかった」（チベット亡命政府情報・国際関係省『チベット入門』）という。

文化大革命は依然として謎《なぞ》に包まれた部分が多いが、文化大革命で主導権を握った毛沢東思想原理主義者からすれば、「宗教はアヘン」であって、チベット仏教という宗教国家に近いチベット社会は、時代遅れの「アヘン窟《くつ》」に映ったであろう。だからチベットを救うためには、何よりも「アヘン窟」である僧院・尼僧院を破壊することが、正しい革命路線であると認識した。だが、そこにはこうしたイデオロギー的救済の論理があるだけでなく、じつはチベットを遅れた無知蒙昧《もうまい》な人々がうごめく野蛮な種族であるとみなす差別的驕《おご》りがあったのではなかろうか。チベットは、宗教的鎖から解放されていない不幸な世界であると。イデオロギー的原理主義には、民族的差別主義が内蔵されている危険がある。

この文化大革命の破壊について、鄧小平は次のようにいう。

「文化大革命」で少数民族は被害を受けたが、この現象はわれわれが少数民族を敵視していることを意味しているものではない。そのとき、少数民族は損害をこうむったものの、最大の被害を受けたのは漢族であるからだ。

（「立足民族平等、加快西蔵発展」一九八七年六月二十九日）

しかしチベット人からみれば、文化大革命以前に破壊が始まっており、文化大革命でわざわざ漢族の若者がチベットに押しかけ、チベット民族の誇りである寺院を破壊し、暴れたことは、民族的憎悪と受け止められたことは間違いない。

鄧小平の「改革開放」政策が進められると、辺疆地区は埋蔵資源の宝庫として、その直接支配が重視されることとなった。市場原理にもとづく改革にとって、埋蔵資源の宝庫はますます手放したくない。その利益確保のためには、依然として「大家庭」としての団結、統一は不可欠である。

胡錦濤《こきんとう》も「大家庭」という言葉を使用しながら、少数民族との団結を強調している。

彼ら（少数民族）の基本的生活を保障しながら、社会主義大家庭の温かさを実感させよう。

（「切実把各族人民的利益落実到発展的各個方面」二〇〇五年三月五日）

各民族は「大家庭」の温かいコタツに入って、仲睦まじく暮らそうということである。

だが、「大家庭」（いいかえれば「大一統」）という言葉は、きわめて情緒的な観念であって、大衆への説明概念としては非常にわかりやすいものの、科学的思考を旨とするマルクス主義者を自称する共産党にとって、なんとも俗っぽく、堅い綱領に馴染《なじ》まない。

そこに登場してきたのが費孝通《ひこうつう》の「中華民族多元一体構造論」である。

清末、革命派がよって立つ概念である「華夷之辨」については、章炳麟ら著名な理論家が先を争って自説を展開した。しかし現代は、こうした理論的大家が生まれにくい。そのなかで共産党の民族論に大きな影響を与えたのが、社会学、民族学の権威であった費孝通であり、彼の役割がクローズアップされた。

費孝通の「中華民族多元一体構造論」とは何か。「中華民族」は「多元だけれど一体」という結論は、一見すれば矛盾である。いったいそれは何なのか。

費孝通は次のように総括する。

中華民族の自覚的な民族実体は、近年百年間にわたる中国と西欧列強との対抗の過程で出現したものであるが、自然発生体としての民族実体は幾千年の歴史過程で形成されたものである。(中略)もともと分散、孤立して存在していた多くの民族単位が、接触、混合、連結、融合を通して、あるいは分裂と消滅を繰り返しながら、(中略)各個性をもったままの多元統一体を形成してきた。(中略)相当に早い時期、すなわち三千年前から黄河流域に出現した若干の民族集団がだんだんと融合してその核心を形成し、華夏と称された。雪だるまのように、転がれば転がるほど大きくなって、周囲の異民族を核心部分へ吸収していった。黄河と長江の中下流に位置する東亜平原を包み込んだあと、他民族から漢民族と称されるようになった。漢民族は引き続き他民族の成分を吸収し、日増しに充実拡大し、その他民族の居住地に浸透し、人々を凝集し、連携する作用をもったネットワークを造りあげた。こうしてこの疆域内の多くの民族を連合させる分割できない統一体の基礎を打ち立てた。そして自然発生体としての民族実体を形成し、さらに時をへて、民族として自覚し、中華民族と称されるようになった。
（「中華民族多元一体格局」一九八九年）

毛里和子『周縁からの中国』が、費孝通の主要な論点をわかりやすく三点にまとめているので、それを紹介する。

第一は、漢民族自体が歴史的に中国領域で生きてきた諸民族の接触・混合・融合の複雑なプロセスを通じて生まれ、その中で「中華民族の凝集的核心」になっていったこと。

第二が、中国領域内に住む諸民族はその形成は多元的だが一体を形成し、「中華民族多元一体の構造」が生まれたこと。

第三が、この「中華民族」は、「自然発生的な民族実体」として数千年前から徐々に形成されてきたが、一九世紀半ばから列強と対抗する中で「自覚的な民族実体」になっていったこと。

費孝通理論の特徴は、漢民族の膨張を、少数民族からの主体性の剝奪《はくだつ》とはとらえていないところにある。むしろ漢民族の雪だるま的膨張は、遅れた少数民族が発展するための救済に貢献したという視点に貫かれているからだ。費孝通はさらにいう。

まさに「先進が後進を助ける」という原則でことが進められ、先進的な民族が経済、文化の各方面で後進的な各民族の発展を支えてきた。国家は少数民族地域に優遇政策を与えているだけでなく、切実な援助をしなければならず、現在われわれはそのようにしてきている。（同前）

それは少数民族への侵略でもなければ、主体性の剝奪でもなく、遅れた少数民族から喜ばれる善意ある膨張であるという。こうして「華夏」→「漢民族」→「中華民族」へと発展した民族実体を完成させたと説明する。

いわば、チベット、モンゴル、ウイグルなどの辺疆民族を、漢民族に対抗する自立した異民族としてはとらえず、「中華民族」のなかに少数民族としてとじ込めた。だから、ひ弱な少数民族は偉大な多数民族の漢民族に援助されることで、はじめて発展できる。かくして、独立した存在としての、異民族としての誇りと主体性の剝奪は正当化されることとなった。

これまで、共産党が唱えていた「大家庭」は実体がない、民族統一のためのフィクションであると説明してきたが、費孝通は「大家庭」にあたる「中華民族」を徐々に形成された実体概念として説明しているところが特徴的である。そこが、共産党が飛びついたゆえんである。多民族融合の「大家庭」を、多元一体の「中華民族」と置き換え、共産党の民族政策を正当化しようとした。こうして孫文以来唱えられたフィクションとしての「中華民族」が、実体概念として強調されることとなった。悪くいえば、費孝通は共産党の少数民族支配の実態に、学術的にお墨つきを与えようとする「御用学者」である。

毛里和子は「民族は作られる」とし、「統治が及ばなかった辺境の原住民を中華人民共和国の『人民』として統合していくために、彼らに帰属意識を植え付けるために、一九五〇年代初めから精力的に行われた民族調査・識別工作、言語創造工作は、現代的言葉で言えば『上からの国民形成』であり、欠くことのできないプロセスだった」(『周縁からの中国』)という。「中華民族」が「作られた」ことによって、漢民族自身、自らが漢民族であるというアイデンティティはあっても、中華民族であるというアイデンティティがないまま「中華民族」であるとされるようになった。同じように、少数民族のなかにも、チベット民族のようにアイデンティティが濃厚な民族もいれば、自らがそこに属すという意識がないままに、少数民族のレッテルを貼《は》られるケースもある。どうみても、「中華民族」は、政治的に語られてきた「大家庭」と同じように、政治的に創られた概念であり、「自然発生的な民族実体」「自覚的な民族実体」であるとはいえない。

おもしろいことに、この「中華民族」概念が、歴史的にさかのぼって、使用されるケースが生まれた。高句麗《こうくり》という古代国家は、中国の国家か朝鮮の国家かという帰属問題を調べていたところ、高句麗は中国の国家であるという記述を見つけた（楊春吉、耿鉄華主編『高句麗帰属問題研究』）。もちろん、韓国や北朝鮮側は、高句麗は朝鮮民族の国家であると譲らないのは、当然である。高句麗をめぐっては、中朝、中韓対立が鮮明である。

中国側の論文（劉先照、韋世明「中国歴史上的民族与疆域」）は次のようにいう。ここでは、「中華民族」は「中国民族」と置き換えられているが、同じ意味である。

一、およそ中国の歴史における疆域内の古代民族は、すべて今日の中国民族の先住民族である。すべてを中国の歴史に入れて描くべきである。

二、これらの民族のうち、ある民族（匈奴、吐蕃）は中国に帰属する前は独立した民族国家であったとしても、中国に帰属した後は、再度分立して建国した段階を含めて、すべて中国であり、中国民族である。

三、これらの民族のうち、ある民族（契丹、女真、モンゴル）は国家を建立する前から中国に帰属していたのであれば、むろんのちに建国したか否かにかかわらず、すべて中国であり中国民族である。

そして次のように結論づける。

これらの民族（疆域民族）は前後してすべて中国に帰属し、中国の一民族となった。のちにはすべて中国民族に同化あるいは融合して、今日では中国民族の先民となった。匈奴は漢朝に統一され、吐蕃は元朝に統一され、ともに中国の一部になる前は、独立した国家であったが、統一後は中国に属し、中国民族に属した。

契丹、女真、モンゴルは国家を建立する前にすでに中国の一部であり、のちに国家を建立したが、中国国内にあってその他の民族政権と同時に存在した政権であり、やはり中国の一部分である。これは中国歴史上、割拠から統一にむかう発展過程にあらわれた一時的な現象であり、最後には祖国という大家庭のなかに統一された。

「中華民族」という「大家庭」のなかには、中国国内に住む朝鮮族も含まれるから、その朝鮮族が建国した高句麗や渤海《ぼっかい》は、すべて中国の歴史として語られるべきだというのだ。有名な高句麗王国の基礎を築いた広開土王《こうかいどおう》（好太王）の碑文は、現在の中国吉林省にある。しかし高句麗はそののちに朝鮮半島に移って、平壌《ピョンヤン》へ遷都した。そして、新羅《しらぎ》、百済《くだら》と覇を争った。朝鮮半島は六六八年に高句麗を滅ぼした新羅によって統一されるが、高句麗は朝鮮史のなかで語られてきた。渤海国は、高句麗系の指導者によって建国されたとされるが、たしかに女真族も含まれており、意見がわかれるところであろう。しかし、朝鮮半島では高句麗、渤海ともに朝鮮民族の国家であるとされてきた。それを「中国民族の先民である」といわれれば、民族的プライドが高い朝鮮民族が怒るのは当然である。この論理でいえば、朝鮮半島もモンゴル人の元朝に支配されたから、朝鮮民族や朝鮮半島の韓国、北朝鮮という国家も、中国の一部となってしまう。さすがにそこまでは主張しないが、フィクションである「中華民族」が実体概念として拡大されれば、このような「喜劇」が学問の世界でも展開される。

おわりに

最後に、孫文の「五族共和」批判の再考から結論にむかいたい。

その批判は、「華夷之辨」と「民族優劣差別主義」とから構成される。まず、優秀な漢民族（中華）と、能力の劣る少数民族（夷狄）とを峻別した上で、有能な民族と無能な民族とに区分することから始まる。「五族共和」は五族の平等を唱えるが、孫文は権利として平等であることを認めていても、その能力が平等とはみなさないから、五族が対等な関係に位置づけられる「五族共和」は認めることができない。

孫文の思想は、一種の愚民観に貫かれている。民の自律性を認めない超エリート主義である。彼は「天賦の平等」を否定して、人間の能力は不平等であるという視点から出発する。孫文は人間を、その能力で八つに分けてランク付けした。

聖―賢―才―智―平―庸―愚―劣　（「三民主義」一九二四年）

人間を、生まれながらにして賢い連中と、愚かな連中に区分するのだ。孫文自身は、当然ながら「聖」か「賢」である。権力を預かるエリートは、かならず上層出身者でなければならない。そうでなければ、国は治まらないからだ。立派な賢人のみが「修身、斉家、治国、平天下」(『大学』)を、実現できるからである。

あるいは次のように三分類する。

先知先覚者―後知後覚者―不知不覚者

人間という点からいえば、三つの系統がある。その一つは、先知先覚者が創造して発明すること。その二は、後知後覚者が模倣し推進すること。その三は、不知不覚者が力を出して楽に成就すること。

(「建国方略之一　孫文学説――行易知難〈心理建設〉」一九一八年)

すなわち人間を、優秀な「聖人」「賢人」「才人」(先知先覚者)と、ほどほどの「智識ある人」「平凡な人」「中庸な人」(後知後覚者)と、無能な大衆である「愚かな人」「劣った人」(不知不覚者)に分ける。先知先覚者が立案した方針を、不知不覚者の大衆は、いわれるままに実行するという、上意下達の一方的支配である。

なぜ、人を馬鹿にしたような区分を設けたのか。孫文の優劣差別主義は、けっして愚かな大衆を蔑視するためではない。大衆は自らを管理する能力に欠けているから、自覚に富み、全体を見渡すことができる「聖人」や「賢人」が、国家や社会を管理、統率しなければならないことを強調するために、人間を「聖」から「劣」までに区分した。大衆の政治参加は「衆愚政治」に陥ると危惧し、選ばれた賢人集団で、愚かな大衆を幸せにする政治（善政）を実現しなければならないというのである。私はそれを「賢人支配の善政主義」と名づけた。

この優劣差別主義が、民族の世界にももち込まれたとみなすことができる。すなわち、中華文明を築きあげた漢民族は、いわば「聖」「賢」のレベルであるのにたいし、野蛮な夷狄として育った少数民族は、「愚」「劣」のレベルにとどまっている。民族の能力は人間の能力と同じように、平等ではなく、不平等である、という考えである。

だからすでにみたように、次のような漢民族による少数民族同化論が生まれたのである。

チベット、モンゴル、回、満の民族はみな自衛能力をもたない。大民族主義をいっそう発揮して、チベット、モンゴル、回、満の民族をわが漢民族に同化させ、最大の民族国家を建設することは、漢人の自決いかんにかかっている。（前述、一〇六ページ）

彼らはすべて自衛能力をもっていない。わが漢族が彼らを助けなければだめだ。

（同前）

有能な賢人は、無能な大衆を指導（孫文は訓導といい、その政治を訓政と名づけた）する責任と使命があるとみなした。同じように、有能な漢民族（中国人）は、無能な少数民族（モンゴル人、チベット人など）を訓導し、中国人として同化させる使命があると、孫文は感じたのである。まさに「民族優劣差別主義」にもとづく「同化論」である。「先知先覚者」が大衆を指導しなければならないように、「先知先覚の漢民族」が「不知不覚の少数民族」を助けなければならない。そのためには、少数民族は漢民族の指導（支配）を受けなければならないという構造が生まれるのである。

この「民族優劣差別主義」は、現代中国の民族政策にも歴然と生き続けている。つねに各民族は平等であるといい続けているが、他方では少数民族の自発的自律的能力を完全に否定している。それは、中国の支援と指導によって、はじめてチベットは発展でき、救済されるというチベット政策にあらわれている。そこには、チベット民族は、独自の力では国造りができないという差別観が横たわっている。

中国中央は、チベットの現代化へむけての発展のためには、中央の支援が必要であるという恩恵的役割を強調する。すなわち数百年続いた政教一致の封建農奴制にあったチベットは、①社会制度は遅れて、経済的搾取が残酷であった、②階級支配が厳しく、政治弾圧が残酷であった、③政教一致で宗教的桎梏《しっこく》が重かった、④発展が遅れて、人民の生活は苦しかった、と規定する。だから中国がチベットを「解放」することで、このような悪魔の現状を打破する可能性を生みだした。まさに中国人民解放軍は、チベット解放の軍隊であり、救世軍であったと強調する。

一九八〇年代、中央政府は（中略）一連のチベット経済発展に有利な優遇政策で、チベット経済体制の改革と対外開放を推進した。一九八四年から四十三項目にわたるチベット計画にたいし、国家が投資し、全国九省（市）が支援した。改革開放政策の実施と国家の支援で、チベットの工業、農業、牧畜業、および商業、飲食業、観光業などの第三次産業が繁栄し、チベットの産業水準と経済活動における商品化率の水準が高まり、チベットの経済と社会の発展は新たな段階へと昇り詰めた。（中略）

この五十年は、人類の歴史からすればとてもわずかな瞬間にすぎないが、チベットという古くて神奇な土地に、どのような時代にもみられなかった巨大な変化が発生した。チベットは、貧しくて遅れた、そして閉鎖された停滞的な封建農奴制社会に別れを告げ、文明が開放された現代人民民主社会へむけて、たえず発展、進歩している。

（国務院新聞辦公室「西蔵的現代化発展」二〇〇一年十一月）

中国のおかげで、遅れた（孫文的表現では不知不覚の）チベットは発展し、繁栄しているという論理である。だからこれからもずっと一緒に中国の一部として、その繁栄を享受しなければならないという。費孝通が唱える「先進が後進を助ける」という温情論の押しつけである。

歴史事実が説明しているように、チベットの現代化は祖国の現代化と切り離されることはない。（中略）チベット現代化の発展は、ただ祖国の現代化過程のなかに入って融合し、全国人民の支持と支援を獲得することによってのみ、歴史的チャンスをしっかりと握り締め、急速な発展、不断の進歩と繁栄を実現できる。

（同前）

ここでの「祖国」とは、多民族が参加した「中華民族」の祖国という意味で使われているが、実質的には中国の支援でチベットの発展はどうにか保たれているという「民族優劣差別主義」をみることができる。

清末の革命運動は、「華夷之辨」にもとづく異民族支配排除の中華中心主義であった。しかし辛亥革命に成功すると、「四海皆兄弟」という「五族共和」が唱えられた。孫文はそののちに、五族平等な「五族共和」を否定し、漢民族優越の「同化論」を強調した。中国共産党が結成されると、コミンテルンの影響を受けて、漢民族が支配する中国中央部と辺疆民族との「自由連邦制」を主張した。あきらかに華と夷の峻別である。夷狄として差別、蔑視されてきた少数民族の主体性回復、すなわち独立を唱えたものである。ところが蔣介石は、それは間違いであるとして、少数民族の自決すら否定し、内モンゴルや新疆を直轄の省に編入した。

毛沢東を中心とする共産党が政権を掌握すると、少数民族の独立を容認する「自由連邦制」も、また自決権すら認めない省直轄政策も間違いだとして、自治は認めるが独立は認めないという「民族区域自治制度」を実行した。内モンゴルやチベット、新疆は「自治区」として、統一中国に組み込まれた。しかしそこには民族の平等よりも、民族の優劣をもとにした「民族優劣差別主義」が濃厚である。

このように、近代、現代の中国においても、「華夷之辨」と「大一統」の目まぐるしい変遷があらわれた。しかし「華夷之辨」は、もともと華が夷を蔑視する「民族優劣差別主義」に貫かれていた。そして、「華夷之辨」とは対立概念とみられる「大一統」においても、中華のもとでの「大一統」という中華中心主義が貫かれ、「大一統」を標榜する現代中国においても「民族優劣差別主義」はぬぐい切れていない。

それは、「エスニシティ」の尊重という世界的な潮流に反する。とはいえ、旧ユーゴスラビアの解体過程で、「民族浄化」の醜い民族戦争が展開されたように、多民族構成国家には、つねに統合の強要と分裂の志向が渦巻いている。かつて「ソ連帝国」のアキレス腱が民族問題であるとされていたように、発展著しい巨大な「中国帝国」のアキレス腱は、間違いなく民族問題といえる。

後記

中国の辺疆民族であるチベット民族や新疆ウイグル民族の「叛乱」が絶えない。中国当局は、仲よく共存している多民族国家に叛逆する「分裂主義者の策動」と決めつけている。それがそれほど単純でないことは、本文でご理解いただけたと思う。かつて文化大革命で「造反有理」という言葉が氾濫した。少数民族からみれば、中国による少数民族政策は、異民族支配であり、その異民族支配にたいする「叛乱」は、まさに「造反有理」ではなかろうか。

自立できない少数民族は、「中華民族」という「大家庭」に守られてこそ、安全と安寧、そして発展を確保できるという。そこにみられるのは、優れた漢民族が劣った少数民族を援助することで、はじめて少数民族は幸せを確保できるという「救済」の論理である。かつて「アジアの解放」を謳って、アジア各国を侵略した大日本帝国の破綻《はたん》した論理と似通っている。

「四海皆兄弟」といっても、「大家庭」には、それを統率する家長がかならず存在する。家長は実父ではないから、それが押しつける温情主義には、耐えがたい抑圧主義に転化する危険がつねに存在する。

わたしは辛亥革命で誕生した中華民国の研究者である。国民党の孫文、蔣介石、共産党の陳独秀、毛沢東は、その革命運動のなかで、帝国主義列強からの解放、独立を唱える民族主義をかかげながらも、かつての中華帝国の版図に組み込まれてきた少数民族（この言葉自体に差別感がある。本来は異民族である）と、どのようにむかいあうかという深刻な問題に悩まされてきた。多民族によって構成される「中華民族」として、各民族は仲よく暮らすべきであるという中華人民共和国の時代にいたっても、その課題は依然として存在している。

異民族支配を打倒した辛亥革命から百年。これから中国の民族問題はどのようになっていくのであろうか。歴史を鑑とするのであれば、歴史のなかからその回答をみいださなければならない。

この本を書こうと思った直接的契機は、南京大学の近くの書店で、一冊の本を手にしたことに由来する。本書でも参照した王春霞『「排満」と民族主義』である。辛亥革命に向けて昂揚《こうよう》した清朝打倒を目的とする「排満」運動の論理を、詳細に分析した若い研究者の本である。「排満」革命がめざしたものは、異民族排除の「単一民族国家」であるという結論に達しながらも、それを「国家分裂」をもたらす「狭隘な民族主義」として糾弾する。たしかに漢民族という「単一民族」で国家を建設する論理が正当化されれば、現政権が正統論理としている「大家庭」によって維持される「大一統」が崩壊する。だから異民族を排除する「華夷之辨」は否定される。現政権の方針に追随する政治性を嗅《か》がざるをえなかった。なぜならば、歴史的には、「大一統」がつねに正統であり、「華夷之辨」がつねに異端であったわけではないからだ。正統は異端に代わり、異端は正統に代わる。これが歴史である。

本書の結論は、現代中国にとって、けっして容認できるものではなかろう。しかし本書の目的は、中国を非難するためではない。中国はつねづね、侵略される側の痛みを忘れてはならないと、日本の歴史観を非難する。痛みを感じない歴史観が非難されるのは、もっともである。だからこそ、少数民族といわれる辺疆の異民族が、同じような痛みを感じていることを、中国も理解すべきである。そのような思いから、書き下ろした。

かつて日本が「夜郎自大《やろうじだい》」になって、「偉大な日本こそが、周辺に幸せをもたらすことができる」という自らの価値観でアジアを席巻した。その驕りが、周辺国家の痛みを感じることができなかった最大の原因である。同じように、発展著しい中国も巨大な帝国を再興する過程で、「夜郎自大」に陥りはじめた感が強い。中国で講演する機会があると、いつも中国が「夜郎自大」に陥っていると語ってきた。周りの痛みが、辺疆の痛みが、みえていないからだと。そもそも中国は夜郎国のような小国（貴州省にあった夜郎国は、漢の時代には人口が十五万人程度だったという）でないから、大国中国は存在自体が「自大」（尊大）になる条件をそなえている。だからこそ、つねに自戒しなければならない。それを危惧するのは、歴史家としての責務である。

本書を書くにあたって、とくに毛里和子、松本ますみ、王柯、平野聡の先行研究に大きな刺激を受け、それらの成果を十分に利用させていただいた。感謝する次第である。

本書の完成は、新書編集部の伊藤直樹さんの力によるところが大きかった。集英社新書としては三冊目となる。いずれも鯉沼広行さんのお蔭である。お二人に謝謝《シエシエ》！

●関連地図／中華人民共和国全図

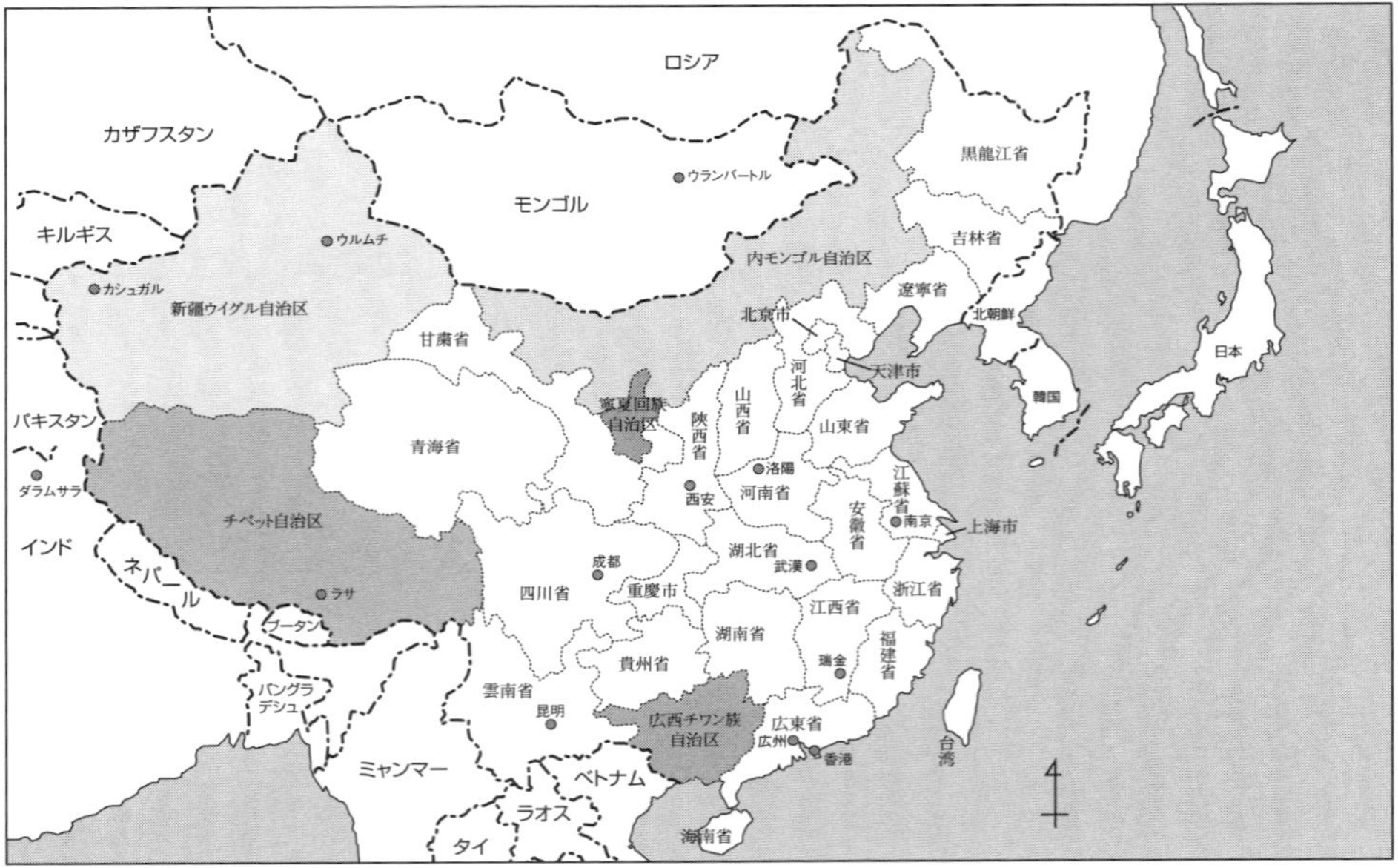

※アミかけ部分は少数民族自治区

●関連地図／清王朝の版図

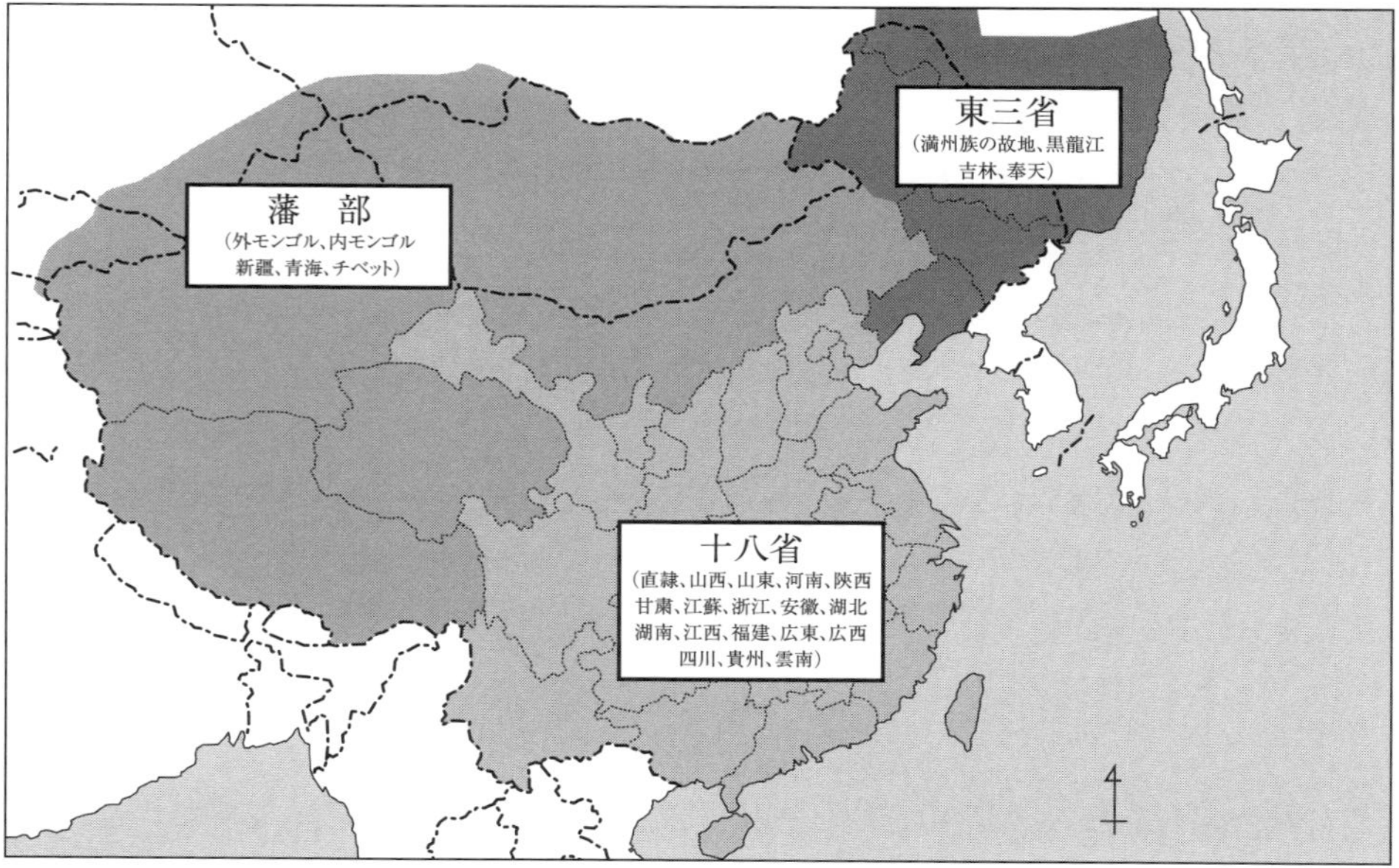
藩　部
（外モンゴル、内モンゴル
新疆、青海、チベット）
東三省
（満州族の故地、黒龍江
吉林、奉天）
十八省
（直隷、山西、山東、河南、陜西
甘粛、江蘇、浙江、安徽、湖北
湖南、江西、福建、広東、広西
四川、貴州、雲南）

関連年表

■清朝期■

一六九〇年	康熙帝がモンゴル征討（ウランプトンの戦い）
一七二〇年	清軍がチベットに遠征し、ジュンガル軍を撃破
一七二七年	清朝政府はチベットの二カ所に駐チベット大臣を置く
一七五九年	清朝政府は新疆天山南路を平定。カシュガルなどに参賛大臣、領隊大臣、辦事大臣を分駐
一八八八年	イギリス軍がチベットへ侵攻（第一次武装侵略）
一八九四年	孫文がハワイのホノルルで革命結社「興中会」を結成。「駆除韃虜、恢復中華」を唱える
一八九五年	日清戦争で「下関（馬関）媾和条約」調印
一八九八年	光緒帝、康有為、梁啓超らの戊戌変法（百日維新）が失敗
一九〇〇年	義和団鎮圧の八カ国連合軍が北京進軍
一九〇一年	「北京議定書（辛丑条約）」。ロシア軍はそのまま東三省に駐屯
一九〇二年	康有為が華僑にこたえた書簡で、「大一統」の堅持を強調
一九〇三年	章炳麟が康有為に反駁して、清朝打倒の種族革命を主張

		鄒容が「革命軍」で、「九世復讐」を提唱
		陳天華が「猛回頭」「警世鐘」で、「中外一家」説を糾弾
		劉師培が「黄帝紀年論」で、漢族は黄帝の子孫であると強調
		孫文が「支那保全分割合論」で、十八省の漢民族国家建設を主張
		梁啓超が漢、満、モンゴル、回、ミャオ、チベット統一の「大民族主義」を主張
一九〇四年		イギリス軍がチベット・ラサを制圧（第二次侵略）。ダライ・ラマ十三世は青海へ脱出。「イギリス・チベット条約（ラサ条約）」調印
一九〇五年		孫文ら革命派は大同団結して中国同盟会を結成
一九〇七年		「滅満」を叫ぶ徐錫麟が安徽巡撫・恩銘を暗殺して処刑される
		楊度が「金鉄主義説」で五族共和概念を提出
一九一〇年		清朝の趙爾豊軍がチベットに進軍、ダライ・ラマ十三世を廃位。ダライ・ラマはインドに亡命
一九一一年	十月	辛亥革命勃発（武昌起義）。黎元洪の武昌政府が十八星旗をかかげる
	十二月	外モンゴル独立を宣言。ボグド・ハーン（皇帝）制モンゴル国誕生
		南北議和で伍廷芳代表が「満州族との共存」を主張

■中華民国期■

一九一二年　一月　中華民国が誕生。孫文が「臨時大総統宣言」で「五族共和」を宣言

二月　宣統帝（溥儀）が退位して、清朝が滅亡

三月　「中華民国臨時約法」が「中華民国の領土は、二十二の行省と内外のモンゴル、チベット、青海とする」と明記

六月　ダライ・ラマ十三世がインドからチベットに戻りチベット独立を宣言

十一月　「ロシア・モンゴル協約」で、モンゴルの独立を自治へ格下げ

一九一四年　七月　チベット、中国、イギリスによるチベットの実質的独立を容認する「インド・シムラ協定」。中国は調印を拒否し、チベット、イギリスだけで調印。チベットはイギリスの影響下へ

孫文は中華革命党を結成

一九一五年　六月　「中国・ロシア・モンゴル協約」が締結、ロシアはモンゴルの保護国化に成功

一九一九年　春　孫文は「三民主義」で、「五族共和」論の過ちを反省し、漢民族中心の「中華民族」の形成を強調

十月　孫文は中華革命党を中国国民党に改称

一九二〇年　九月　毛沢東は「湖南建設問題の根本問題――湖南共和国」を著し、中国を二

		十七の国に分立することを主張
一九二一年	七月	モンゴル義勇軍がソビエト赤軍の協力でウランバートルに入り中国軍を駆逐
		陳独秀らが中国共産党を結成
一九二二年	七月	共産党は「第二次全国代表大会宣言」で「中華連邦共和国」の建設を志向。モンゴル、チベット、回疆の連邦への自由参加を認めた
一九二四年	一月	孫文は「中国国民党第一次全国代表大会宣言」で、「各民族の自決権を承認」「自由に統一された（各民族が自由に連合する）中華民国を組織する」とした
		第一次国共合作が成立
	十一月	ソ連の支持のもと、モンゴル人民共和国が成立
一九二五年	三月	孫文が死去
一九二七年	四月	蔣介石の四・一二クーデターで国共合作が崩壊
一九二八年	六月	蔣介石の国民革命軍は北伐に勝利、国民党国民政府が全国を再統一
	七月	十六年間新疆を支配した楊増新が暗殺され、金樹仁が新疆省主席就任
一九二九年	三月	蔣介石が、漢、満、モンゴル、回、チベット人民が団結した「国族」概念を提出
一九三一年	三月	ウイグル族がハミ地区で王政復活に反対する暴動を起こす

	六月	「中華民国訓政時期約法」で、新疆省、モンゴル、チベットは中華民国の領土であると明記
	十一月	共産党「中華ソビエト共和国憲法大綱」発表。「各弱小民族が中国から離脱して独立した国家を自ら成立させる権利を承認する」とした
一九三三年	四月	新疆でクーデターが発生し、金樹仁が下野。盛世才が新疆を支配し、ソ連に接近
	十一月	新疆カシュガルに「東トルキスタン・イスラム共和国」が誕生（第一次民族独立運動）
	十二月	ダライ・ラマ十三世が死去
一九三四年	三月	徳王は、モンゴル地方自治政務委員会（百霊廟蒙政会）を設置
	五月	「東トルキスタン・イスラム共和国」が瓦解
一九三六年十二月		西安事変
一九三七年	九月	第二次国共合作が正式に成立
	十月	日本軍がフフホトに傀儡政権であるモンゴル連盟自治政府を樹立
一九三九年	一月	国民党政府はチベット東部の旧川辺特別地区を西康省とする
	九月	日本軍は支配地区を広げて、モンゴル連合自治政府を樹立
	十二月	毛沢東は「中国革命と中国共産党」で、「中華民族」の団結を力説
一九四〇年	一月	ダライ・ラマ十四世がチベット・ラサで即位

一九四一年	八月	モンゴル連合自治政府はモンゴル自治邦と改称
一九四四年	九月	十二年間の盛世才支配に代わり国民党の呉忠信が新疆省主席就任
	十一月	新疆イリ区のクルジャで「東トルキスタン共和国」の樹立を宣言
一九四五年	四月	毛沢東は「連合政府論」で、ふたたび「自由連邦制」を主張
一九四六年	一月	ソ連の仲介で東トルキスタン共和国と国民政府の間で「和平協定」調印、東トルキスタン共和国は解消
一九四九年	九月	新体制を定めた「中国人民政治協商会議共同綱領」で、「少数民族」の「区域自治」制度を確立

■中華人民共和国期■

	十月	共産党による中華人民共和国が成立
	十二月	共産党政権は新疆省人民政府を樹立し、新疆支配を完成
一九五〇年	十月	人民解放軍が東チベットに武力侵攻
一九五一年	五月	ダライ・ラマ十四世政権と中国が「チベットの和平解放に関する協約（十七条協定）」を締結
	九月	約三千の人民解放軍がラサに入り、チベットを中国の領土に「統一」
一九五九年	三月	チベットで反中国の民衆蜂起、ダライ・ラマ十四世がインドへ亡命
一九六〇年	五月	インドのダラムサラにチベット亡命政府設立

一九六五年	九月	チベットが正式に中華人民共和国チベット自治区となる
一九七六年	九月	毛沢東が死去
一九八九年	三月	チベット・ラサの騒乱事態に中国は戒厳令（—一九九一年五月）
	七月	費孝通「中華民族多元一体構造論」で「中華民族」を実体概念と強調
	十月	ダライ・ラマ十四世がノーベル平和賞を受賞
一九九七年	二月	鄧小平が死去
		「東トルキスタン・イスラム運動（ＥＴＩＭ）」が組織される
二〇〇六年	七月	青海チベット鉄道が開業
二〇〇七年	一月	中国当局がＥＴＩＭ訓練キャンプを攻撃。十八人殺害、十七人拘束
二〇〇八年	三月	チベット・ラサで騒乱
		世界各地において北京五輪前の聖火リレーで抗議運動
	七月	雲南省・昆明で、イスラム系過激集団（ＥＴＩＭ？）がバス爆破
	八月	北京オリンピック開催
二〇〇九年	三月	チベットのラサ民衆蜂起五十周年

主要参考文献

西順蔵、島田虔次編訳『清末民国初政治評論集』平凡社、一九七一年
西順蔵編『原典中国近代思想史』第三冊（辛亥革命）、岩波書店、一九七七年
西順蔵、近藤邦康編訳『章炳麟集』岩波文庫、一九九〇年
毛里和子『周縁からの中国――民族問題と国家』東京大学出版会、一九九八年
松本ますみ『中国民族政策の研究――清末から一九四五年までの「民族論」を中心に』多賀出版、一九九九年
王柯『東トルキスタン共和国研究――中国のイスラムと民族問題』東京大学出版会、一九九五年
加々美光行『中国の民族問題――危機の本質』岩波現代文庫、二〇〇八年
坂元ひろ子『中国民族主義の神話――人種・身体・ジェンダー』岩波書店、二〇〇四年
平野聡『清帝国とチベット問題――多民族統合の成立と瓦解』名古屋大学出版会、二〇〇四年
A・T・グルンフェルド（八巻佳子訳）『現代チベットの歩み』東方書店、一九九四年
チベット亡命政府情報・国際関係省（南野善三郎訳）『チベット入門』鳥影社、一九九九年
W・D・シャカッパ（三浦順子訳）『チベット政治史』亜細亜大学アジア研究所、一九九二年
ダライ・ラマ（日高一輝訳）『この悲劇の国、わがチベット』蒼洋社、一九七九年
ダライ・ラマ（山際素男訳）『ダライ・ラマ自伝』文藝春秋、一九九二年
浜下武志『朝貢システムと近代アジア』岩波書店、一九九七年

藤岡喜久男『中華民国第一共和制と張謇』汲古書院、一九九九年
金観濤、劉青峰（若林正丈、村田雄二郎訳）『中国社会の超安定システム――「大一統」のメカニズム』研文出版、一九八七年
白寿彝主編『中国略史』北京・外文出版社、一九八三年
村田雄二郎「辛亥革命期の国家想像――五族共和をめぐって」『現代中国研究』第九号、二〇〇一年九月
中見立夫「モンゴルの独立と国際関係」、溝口雄三ほか編『周縁からの歴史』東京大学出版会、一九九四年

【中国書】

「南京臨時政府公報」、中国科学院近代史研究所史料編訳組編『辛亥革命資料』中華書局、一九六一年
中国人民政治協商会議全国委員会文史資料研究委員会編『辛亥革命回憶録』第一集、文史資料出版社、一九八一年
中国史学会主編『辛亥革命』第八冊、上海人民出版社、一九五七年
曹亜伯『武昌革命真史』中、上海書店、一九八二年
張枬、王忍之編『辛亥革命前十年間時論選集』一―三巻、生活・読書・新知三聯書店、一九六〇年、一九七七年
湯志鈞編『章太炎政論選集』上冊、中華書局、一九七七年

湯志鈞編『陶成章集』中華書局、一九八六年
劉晴波、彭国興編校『陳天華集』湖南人民出版社、一九五八年
中国国民党中央委員会党史委員会編『胡漢民先生文集』第一冊、中国国民党中央委員会党史委員会、一九七八年
丁賢俊、喩作鳳編『伍廷芳集』上冊、中華書局、一九九三年
湯志鈞編『康有為政論集』上冊、中華書局、一九八一年
梁啓超『飲冰室合集』全十二冊、中華書局、二〇〇三年
中国社会科学院近代史研究所中華民国史研究室、中山大学歴史系孫中山研究室、広東省社会科学院歴史研究室合編『孫中山全集』全十一巻、中華書局、一九八一―八六年
中国国民党中央委員会党史委員会編『国父全集』第五冊（英文著述）、中国国民党中央委員会党史委員会、一九七三年
王耿雄編『孫中山史事詳録（一九一一―一九一三）』天津人民出版社、一九八六年
栄孟源主編『中国国民党歴次代表大会及中央全会資料』上・下、光明日報出版社、一九八五年
中国第二歴史档案館編『中国国民党第一、二次全国代表大会会議史料』上・下、江蘇古籍出版社、一九八六年
中央档案館編『中共中央文件選集』全十八冊、中共中央党校出版社、一九八九―九二年
中共中央党史研究室第一研究部訳『聯共（布）、共産国際与中国国民革命運動（一九二〇―一九二五）』北京図書館出版社、一九九七年

中国社会科学院近代史研究所翻訳室編訳『共産国際有関中国革命的文献資料（一九一九―一九二八）』第一輯、中国社会科学出版社、一九八一年
『毛沢東選集』第一―第四巻、人民出版社、一九六六年
『毛沢東選集』第五巻、人民出版社、一九七七年
中共中央文献研究室、中共湖南省委『毛沢東早期文稿』編輯組編『毛沢東早期文稿（一九一二・六―一九二〇・十一）』湖南出版社、一九九〇年
毛沢東文献資料研究会編『毛沢東集』第九巻（延安期V）、北望社、一九七一年
中共中央文献研究室編『建国以来重要文献選編』第一冊、中央文献出版社、一九九二年
中共中央統戦部編『民族問題文献滙編（一九二一・七―一九四九・九）』中共中央党校出版社、一九九一年
中共中央文献研究室、中共西蔵自治区委員会編『西蔵工作文献選編（一九四九―二〇〇五年）』中央文献出版社、二〇〇五年
国家民族事務委員会政策研究室編『中国共産党主要領導人論民族問題』民族出版社、一九九四年
切列潘諾夫（中国社会科学院近代史研究所翻訳室訳）『中国国民革命軍的北伐――一個駐華軍事顧問的札記』中国社会科学出版社、一九八四年
黄修栄『共産国際与中国革命関係史』上、中共中央党校出版社、一九八九年
王春霞『「排満」与民族主義』社会科学文献出版社、二〇〇五年
楊春吉、耿鉄華主編『高句麗帰属問題研究』吉林文史出版社、二〇〇〇年

楊松華『大一統制度与中国興衰』北京出版社、二〇〇四年
雍正帝『大義覚迷録』(近代中国史料叢刊、第三十六輯)、文海出版社、一九六九年
費孝通等『中華民族多元一体格局』中央民族学院出版社、一九八九年
陳慧生、陳超『民国新疆史』新疆人民出版社、一九九九年
中国第二歴史档案館、中国蔵学研究中心合編『康蔵糾紛档案選編』中国蔵学出版社、二〇〇〇年
周偉洲主編『英国俄国与中国西蔵』中国蔵学出版社、二〇〇一年
劉彦『中国近時外交史』商務印書館、一九二一年(『民国叢書』第一編二十七冊、上海書店、一九八九年に収録)
村田雄二郎「孫中山与辛亥革命時期的〝五族共和〟論」『広東社会科学』二〇〇四年第五期

地図作成／クリエイティブメッセンジャー

横山宏章（よこやま　ひろあき）

一九四四年山口県生まれ。一橋大学法学部卒業。法学博士。中国政治・外交史専攻。明治学院大学法学部教授、県立長崎シーボルト大学国際情報学部教授を経て、北九州市立大学大学院社会システム研究科教授。著書に『中華思想と現代中国』『反日と反中』（集英社新書）『長崎が出会った近代中国』（海鳥ブックス）『中華民国』（中公新書）『孫文と袁世凱』（岩波書店）『陳独秀』（朝日選書）他。

中国《ちゅうごく》の異民族《いみんぞく》支配《しはい》

集英社新書〇四九九A

二〇〇九年六月二二日　第一刷発行

著者……………横山宏章《よこやまひろあき》

発行者…………大谷和之

発行所…………株式会社集英社

東京都千代田区一ツ橋二-五-一〇　郵便番号一〇一-八〇五〇

電話　〇三-三二三〇-六三九一（編集部）
〇三-三二三〇-六三九三（販売部）
〇三-三二三〇-六〇八〇（読者係）

装幀……………原　研哉

印刷所…………凸版印刷株式会社

製本所…………加藤製本株式会社

定価はカバーに表示してあります。

ISBN 978-4-08-720499-5　C0231

Printed in Japan

a pilot of wisdom

a pilot of wisdom

北朝鮮「虚構の経済」　今村弘子
終わらぬ「民族浄化」セルビア・モンテネグロ　木村元彦
韓国のデジタル・デモクラシー　玄武岩
フォトジャーナリスト13人の眼　日本ビジュアル・ジャーナリスト協会編
反日と反中　横山宏章
フランスの外交力　山田文比古
人民元は世界を変える　小口幸伸
チョムスキー、民意と人権を語る　N・チョムスキー　聞き手・岡崎玲子
人間の安全保障　アマルティア・セン
姜尚中の政治学入門　姜尚中
台湾　したたかな隣人　酒井亨
反戦平和の手帖　喜納昌吉　C・ダグラス・ラミス
日本の外交は国民に何を隠しているのか　河辺一郎
戦争の克服　阿部浩己　鵜飼哲　森巣博
「権力社会」中国と「文化社会」日本　王雲海
みんなの9条　「マガジン9条」編集部編
「石油の呪縛」と人類　ソニア・シャー

死に至る会社の病　大塚将司
何も起こりはしなかった　ハロルド・ピンター
増補版日朝関係の克服　姜尚中
憲法の力　伊藤真
「お金」崩壊　青木秀和
イランの核問題　T・デルペシュ
憲法改正試案集　井芹浩文
狂気の核武装大国アメリカ　H・カルディコット
コーカサス　国際関係の十字路　廣瀬陽子
オバマ・ショック　越智道雄　町山智浩
イスラムの怒り　内藤正典